# ESTA BRAVA E ESTOICA GENTE DAS GERAIS

*CARLOS GENTIL DIAS VIEIRA*
*JOSÉLIA MARIA TELES VIEIRA*

# ESTA BRAVA E ESTOICA GENTE DAS GERAIS

Anotações genealógicas sobre dois troncos mineiros

vececom

1a. edição: novembro de 2012


*Editoração eletrônica:*
Barbara Vieira Gonzaga

*Revisão:*
Fernanda Teles

*Sustentabilidade:*
Diana Vieira

*Foto da capa:*
Clarissa Horta Vieira


**ISBN: 978-1480282025**




Catalogação na Publicação (CIP)
Ficha Catalográfica feita pelos autores

---

V665e    Vieira, Carlos Gentil Dias, 1943-
         Vieira, Josélia Maria Teles, 1951-
             Esta Brava e Estoica Gente das Gerais / Carlos Gentil Dias
         Vieira e Josélia Maria Teles Vieira. - Estados Unidos: Vececom,
         2012.

             100 p. : 23 cm.

             ISBN: 978-1480282025
             1.Genealogia 2.Minas Gerais 3.História  I. Título

         CDD: B869.4        CDU:    821.134.3(81)

---

*Para nossos filhos Ricardo, Barbara,*
*Fernanda, Diana e Pietro.*

# SUMÁRIO

*Sabará-MG, 1973 (Foto Otávio Sampaio de Almeida)*

# Apresentação

Talvez fosse mais apropriado chamarmos este livro de "Álbum de Família". Aquele álbum grande, com fotografias ainda em preto e branco, que mamãe guardava com carinho em uma das gavetas do seu armário do quarto. E que, durante as madrugadas de insônia, tirava cuidadosamente para ver as fotos dos meninos. Então, suspirava fundo com saudade de tempos passados. Todos ali sorridentes, alegres, com uma vida inteira pela frente.

Os autores reuniram, durante o ano de 2007, uma série de informações dispersas sobre dois troncos familiares: as famílias de vovó Cici e de vovó Zezé. Obviamente, com várias lacunas e imprecisões. Mas julgaram, naquela época, que seria muito importante para as futuras gerações organizar o que tinham aprendido e pesquisado sobre suas respectivas famílias. A princípio, tudo parecia muito nebuloso e distante. "Como era o nome de seu bisavô?", perguntava um. "O nome inteiro eu não sei", respondia outra. E por aí foram buscando dados e informações com quem deveria saber. Com quem convivera com este ou aquele personagem. Foi desta verdadeira colcha de retalhos que um texto precário foi surgindo, e depois aprimorado aqui e ali. Resultou em trabalho distribuído por email para irmãos, tios e primos. Novas observações, acréscimos e correções foram feitas.

Agora julgaram os autores ser apropriado reunir os dois estudos em um único livro. É este que aqui está, juntando dois troncos mineiros distintos, que se uniram pelo casamento no ano de 1973 na Igrejinha do Ó, em Sabará: as famílias Leite Dias e Alves Pinto Muzzi.

PARTE I
# Família Leite Dias
títulos: Souza Dias, Prado, Sales, Gonçalves Leite

*Fazenda da Capoeirinha, Alfenas-MG (Fotos de 1972)*

*Fazenda da Capoeirinha, vista do terreiro de café,
Zequinha apreciando a casa onde nasceu em 1926.*

# Uma breve explicação

Toda família tem alguém que se propõe, em determinado momento, a registrar aquelas histórias muito antigas que nossos pais contavam, a genealogia, as origens mais remotas dos nomes, com o objetivo de legar às gerações futuras um pouco do conhecimento familiar. É afinal a busca de uma resposta para a indagação "quem somos nós?". Acho que estou desempenhando este papel agora. As minhas filhas deixam transparecer isto pelos semblantes de enfado. E como cheguei a este ponto? Talvez pelos meus abundantes (e ao mesmo tempo cada vez mais raros) cabelos brancos, e na ausência do titular, meu irmão José Flávio (o nosso "honke", na tradição japonesa, como me ensinou minha amiga Shinobu Kasahara).

Pois bem, foi assim de repente que me assaltou aquela vontade de conhecer mais um pouco de onde viemos (*puedo, en fin, entregarme al culto de los mayores,* como dizia Jorge Luis Borges), e saí pesquisando e perguntando.

Levei um susto. Encontrei um primo aqui no Rio, Antonio Xavier, que mantém um banco de dados com todas as datas relevantes da família do meu pai e da minha mãe, e não me conhecia. Um espanto. Encontrei na internet uma foto da família da tia Wanda, em que ela aparece aí com uns doze ou treze anos. Encontrei fotos da Fazenda da Capoeirinha, antiga Fazenda da Laje (Alfenas-MG), onde meus pais se casaram e nasceu meu irmão mais velho. Recebi de um primo de São José do Rio Pardo (SP), Eduardo Dias Roxo Nobre, as origens da família Dias lá em Penafiel, Portugal. Recebi de outro primo, Luiz Henrique Ribeiro, de Presidente Prudente (SP), muita coisa sobre o bisavô Umbelino e seus filhos.

Conversei com a prima Dulce, aqui do Rio, sobre o tio Marcos do Baguari, bisavô dela. Descobri que a família Leite vem da Campanha (através de outra prima aqui do Rio, Gema) e de Paraguaçu, mais do que de Alfenas.

Recebi da minha prima Layza (Dias) Swerts de Oliveira, entre muitas coisas, os nomes de todos os parentes Souza Dias, e uma foto da minha mãe com uns quinze anos presumíveis. Depois, descobri que os Souza Dias vieram da região de São João del Rei e Tiradentes.

Recebi do primo Ricardo Moreira Rebello um livro de mais de 1.200 páginas sobre *O Município de Machado até a virada do milênio*, onde encontrei dados sobre o Dr. Flávio de Salles Dias político e advogado, além de citações de meu pai, tios, e avós. E descobri que o Dr. Flávio era também da família Prado. E, finalmente, depois de publicada a primeira versão deste trabalho, recebi valiosas contribuições da prima Sílvia Buttros, de Paraguaçu (MG), nome bastante conhecido nas sociedades de genealogia.

O primo José Hermano Prado, outro genealogista de mão cheia, teve a gentileza de me enviar dois alentados volumes sobre a família Prado e a família Gonçalves Leite.

Para simplificar, aprendi muito e constatei que há um grande conhecimento disperso sobre o passado esperando apenas que se pergunte por ele. E que, infelizmente, este conhecimento vai se esvanecendo muito rapidamente.

Quando minha filha Barbara me perguntou qual era mesmo o nome do meu pai, senti que precisava colocar no papel o que eu sabia, antes que fosse tarde demais.

*Carlos Gentil Dias Vieira*
*Rio de Janeiro*

# Flávio e Mathilde

O Dr. Flávio de Salles Dias, meu avô, nasceu em Machado- MG em 24/3/1870. Nesta altura chamava-se ainda Santo Antônio do Machado, e pertencia ao município de Alfenas. O município de Machado só foi desmembrado, oficialmente, em 1880, composto também das paróquias de Carmo da Escaramuça (Paraguaçu) e Douradinho. Ele era filho de Umbelino e Umbelina. Não é muita coincidência?

Seu Umbelino *da Laje*, como ficou conhecido naquela época, chamava-se Umbelino Souza Dias, também nascido em Machado (1837), filho do capitão Pio de Souza Dias e neto do capitão-mor Custódio José Dias, este uma espécie de patriarca da mais numerosa família de Machado (vou falar deles um pouco mais adiante). Todo mundo diz que é descendente do Custódio. Este foi sepultado na Matriz de São José e N. S. das Dores de Alfenas (a minha irmã Verinha até obteve para mim o registro paroquial). Era dono da enorme fazenda da Cachoeira, grande parte em terras de Machado, Alfenas e Fama, depois dividida em muitas outras fazendas, algumas conservando o nome até hoje e de propriedade de descendentes. Sua casa (da cidade) era mesmo em Alfenas, onde passou os últimos dias seu irmão mais velho, o Padre José Custódio Dias, que foi Senador do Império.

D. Umbelina Carolina de Salles Dias (em solteira Umbelina Carolina Prado de Salles) nasceu em Carmo da Escaramuça (depois Paraguaçu-MG) em 1842, e era conhecida como tia Belina. Era neta de Manoel Luiz Ferreira do Prado, nascido em Santa Bárbara, quem diria (segundo pesquisas de Silvia Buttros), que requereu uma sesmaria no sertão perto de Campanha e foi estabelecer a fazenda do Espírito

Santo, num ermo habitado apenas pelos índios mandiboias. Sobre isto existe uma outra versão romanceada pelo primo Oscar Prado em seu livro *O Sertão dos Mandiboias* (1981). Atribui-se ao *Prado Velho* a origem da cidade de Paraguaçu-MG. O pai de Umbelina, tenente-coronel Flávio Secundo de Salles (a quem se deve a rua Cel. Flávio em Machado), era natural da Campanha, e acabou casando-se com a filha mais velha de Manoel Ferreira do Prado, Maria Luiza.

*Flávio e Mathilde*

Não se impressione com estes coronéis, capitães e majores. Ninguém foi militar nesta família, só eu, e por pouco tempo. Estes títulos, muitas vezes comprados, faziam parte da organização para-militar do Império, as chamadas *Ordenações*, que por sua vez vinham de longe, das *Ordenações Filipinas*. Cada região tinha voluntários, que compunham milícias, e formavam uma espécie de reserva para casos de emergência nacional. Ao capitão-mor era atribuída autoridade de polícia e jurídica, e deveres na manutenção da ordem pública e defesa de sua sesmaria. O nosso Custódio José Dias, que nasceu, foi batizado e se casou em Ibituruna, na região de São João del Rei, recebeu de D. João VI em 1817 uma enorme sesmaria no sul de Minas (entre Alfenas e Machado) e foi capitão-mor de Jacuí. De todos os seus filhos, apenas o mais novo, Dr. Roque Souza Dias, nasceu na região (1815). Suponho que tenha sido em terras de Machado, que pertencia naquela época à Freguesia de Cabo Verde.

Vamos conhecer, agora, os irmãos do Dr. Flávio:

1. **Maria Umbelina Dias Swertz**, casada com o primo dela Eugênio Amedée Dias Swerts, filho do Dr. Eugène Amedée Swerts (nascido em Paris, 1826) e de Mariana Umbelina, irmã de vô Umbelino. O Dr. Eugène Swerts correspondia-se regularmente com Victor Hugo (segundo minha mãe ). O outro filho do casal chamava-se João Batista e morava em Machado. A prima Layza Swerts de Oliveira (citada anteriormente) descende dele.

2. **Marietta de Souza Dias**, casada com o primo Landulpho de Souza Dias. Ele, filho do major Onofre Souza Dias e Anna Augusta de Souza Dias.

3. **Pio Salles Dias**, casado com Adelina.
São os pais de Adélia (casada com José Brasil) e Jaci Barbosa.

4. **Francisco de Salles Dias** (tio Chico Salles), casado com Armina Ferreira Barbosa. Era o braço direito do Dr. Flávio para as escaramuças, segundo contava minha mãe.

5. **Emirena de Salles Dias**, casada com Francisco Ozório da Silveira. Casaram-se na fazenda da Laje. Avós de Sidney Safe Silveira, fundador das Faculdades Milton Campos, em

Belo Horizonte.

O Dr. Flávio foi estudar em Ouro Preto, no "Liceu Mineiro" (onde se faziam os preparatórios), mais ou menos com 17 anos. Algumas pessoas dizem que ele foi estudar na Escola de Minas, mas acho pouco provável. Esta história a seguir eu ouvi contada por ele muitas vezes. Nesta época havia uma grande agitação republicana e abolicionista entre os estudantes de Ouro Preto. Estava ele fazendo um discurso inflamado (como sempre foi de seu feitio) no recinto do Liceu (1887) e não percebeu a aproximação de um bedel que vinha acabar com aquela manifestação. Contava ele que, sem querer, deu um tapa na cara do bedel. Foi expulso.

Mais tarde foi estudar na Faculdade de Direito do Largo de São Francisco (atual Faculdade de Direito da Universidade de São Paulo). Formou-se em 8/12/1893 (fez parte da 62a. turma formada pela velha Faculdade), e começou a atuar como advogado em Machado. Em 21/4/1894 casou-se com Mathilde Gonçalves Leite, a filha mais nova do major Francisco Gonçalves Leite e de D. Mariana Leite (Mariana Airosa de Salles). Montaram casa em Machado, próxima ao Largo.

*O Largo de Machado-MG, onde moraram os Leite Dias*

Era nesta época chefe político há muitos anos em Machado o Dr. Antônio Cândido Teixeira. Dr. Flávio começou a liderar a oposição e já em setembro de 1894 lançou-se candidato a agente executivo (nesta época não havia ainda a figura do prefeito) pelo Partido Republicano Constitucional, não conseguindo ser eleito, mas marcando enorme presença, com apoio da imprensa local. Em 1897 ele voltou à carga e foi o vereador eleito com mais votos na cidade, tornando-se vice-presidente da Câmara, em que o presidente era Marcos Souza Dias. Aí, finalmente, o Dr. Flávio foi eleito em 1900 para o cargo de agente executivo municipal, tornando-se o primeiro *prefeito* (por assim dizer) de Machado no século XX, iniciando um novo ciclo de liderança política que duraria quase 30 anos, e resultando no afastamento do Dr. Antônio Cândido da política por algum tempo. Ele representou, nesta época, o fato novo.

Em 1904 o Dr. Flávio foi eleito presidente da Câmara, a quem cabia, pela nova lei republicana, a administração do município. É interessante notar-se que o meu outro avô, cel. Francisco Vieira da Silva, ao que tudo indica fazia parte, então, da oposição e viria a suceder ao Dr. Flávio como chefe do executivo municipal em 1908. A eleição de 1907 foi muito tumultuada. Houve em Machado uma passeata política durante o Carnaval que envolveu o Dr. Flávio, como autoridade municipal, e várias outras pessoas. A minha mãe contava que assistiu o meu avô e o irmão Chico Salles atirando com arma de fogo em direção ao Largo, em barricada montada na própria casa. E que ele teria chamado o filho mais velho (Glenan), então um menino de uns 12 anos, e mandado que ele fosse buscar o delegado, passando pela passeata. Glenan foi. O resultado desta confusão toda é que o Dr. Flávio acabou perdendo a presidência da Câmara nas eleições e ainda teve que amargar a volta do Dr. Antônio Cândido Teixeira, que estava no ostracismo político.

Voltemos um pouco atrás. Em 1889 o meu avô Umbelino presumivelmente acabou de construir a sede da fazenda da Laje (mais tarde Capoeirinha, foto no início), terras que ele havia herdado de seu pai, o capitão Pio Souza Dias (falecido em 1879).  Era um enorme casarão, bem ao estilo das fazendas mineiras da época, com o curral em frente à entrada. As terras de Pio também englobavam a fazenda do Coroado, que passou a outro descendente. O avô Umbelino morou na Laje até a sua morte em 1924. A esta altura já havia morrido a mãe do Dr. Flávio (dizem que de uma indigestão ocasionada por pepino), e o avô Umbelino estava debilitado pela idade avançada. Acrescentando-se o fato de que o Dr. Antônio Cândido Teixeira foi novamente eleito para presidente da Câmara em 1912, depois de um longo exílio, acho que o Dr. Flávio resolveu mudar-se com a família para a fazenda nesta época. Ele era, afinal de contas, o filho mais velho do vô Umbelino.E lá nasceram, depois disso, a tia Juju e tio Geraldo. Eu escutei uma vez a minha mãe recordar com tio Glenan o horror que eles sentiam à noite, com o vô Umbelino passeando pela casa, já completamente esclerosado. Ele trocava a noite pelo dia.

A minha mãe me falou muitas vezes, também, do tio Marcos Souza Dias (mais conhecido como tio Marcos do Baguari), pessoa por quem tinha muita admiração e uma figura mítica em nossa família. Tio Marcos era primo de vô Umbelino, mas ao se casar com uma irmã deste, Leonor Osória Dias, tornou-se também tio do Dr. Flávio. Foram amigos e companheiros na política de Machado, apesar da diferença de idade. Tio Marcos morava em Carmo da Escaramuça, e é considerado um dos grandes beneméritos da cidade de Paraguaçu. Um de seus filhos, o comendador Lindolpho Souza Dias, contemporâneo do Dr. Flávio, sempre foi muito atuante em Machado. Este também era casado com uma prima, uma sobrinha de vô Umbelino (Braulina, filha da irmã de nome Presciliana).Era dono da fazenda da Limeira, onde se produz uma cachaça de mesmo nome, que tenho aqui em casa para quem quiser provar.

Não consegui identificar bem quando, mas suponho que

pouco tempo depois da morte de Umbelino, a fazenda passou a chamar-se "da Capoeirinha", que já era o nome de umas terras contíguas que meu avô comprara. Este nome de *Fazenda da Capoeirinha*, entre Alfenas e Machado, persiste até hoje e faz parte de uma das maiores fazendas de café do Brasil (pertence atualmente à *Ipanema Agrícola*, e tem a bagatela de 1.960 ha.)

Nesta fazenda, que preencheu por tanto tempo o imaginário de todos nós da família que não a conhecemos (a Mary me contou que passou lá muitas férias, e que conserva até hoje - em Descalvado - a mesma cama onde nasceram todos os filhos de Flávio e Mathilde), casaram-se, pelo menos, uma irmã do Dr. Flávio (Emirena) e minha mãe (Mariana), a primeira filha dele a casar-se. E lá nasceu o primeiro neto do Dr. Flávio, justamente o meu irmão José Flávio, que tinha muito orgulho nisto. Em 1972 fizemos uma peregrinação cívica até a sede da fazenda, então fazendo parte de um sítio, e pude fotografar a casa e os arredores, para a posteridade. Algumas fotos você encontra aqui junto ao texto.

*O primeiro neto do Dr. Flávio, Zequinha, reinando absoluto na Capoeirinha*

O Dr. Flávio foi uma pessoa muito atuante em seu tempo. Como advogado e como chefe político (segundo

Homero Costa "advogou intensamente, com inteligência e habilidade") . Em 1900 foi, inclusive, nomeado inspetor escolar, que acredito acumulava com suas funções executivas. Fez muitas obras em Machado como administrador (vi uma foto dele inspecionando os mananciais de água para abastecimento da cidade, em companhia de outras pessoas e do tio Glenan, menino de uns 8 anos), mas nada se compara à epopeia da construção da Estrada de Ferro, em que se lançou juntamente com outros abnegados de Machado, como o Dr. Edvar Dias e Joaquim Paulino da Costa.

A coisa foi mais ou menos assim. Machado era um grande produtor de café (na administração do Dr. Flávio foi escolhido como o melhor café do mundo, em certame na Colômbia). As estradas eram péssimas, não havia como escoar a produção. Então começou-se a pensar em construir uma estrada de ferro até Alfenas, que interligasse com a malha ferroviária do Estado.

Pensem bem. Construir uma estrada de ferro naquela época parecia coisa de pioneiros do oeste americano. Seria preciso lançar os trilhos, desapropriar terras, construir estações, e comprar locomotiva e vagões. Coisa mesmo de visionários.

Apesar de várias gestões do Dr. Flávio, o Estado se declarou sem condições de construir ele mesmo (embora o presidente do Estado houvesse prometido). Então, o Dr. Flávio conseguiu a autorização do governo para que os próprios fazendeiros de Machado bancassem a construção, como uma empresa privada, contando com um incentivo do governo estadual para cada quilômetro concluído. Foi, certamente, o início da privatização no Brasil. Contrataram uma firma de engenharia de Belo Horizonte para o projeto e a construção. Haveria uma estação na cidade de Machado, outra na Caiana (ainda em Machado), outra na Capoeirinha (já em Alfenas) e chegando até a estação de Alfenas. Arranjaram empréstimos bancários, colocaram dinheiro próprio, e começaram. Dr. Flávio era o presidente da recém-criada companhia "E.F. Machadense S.A.", que contou com a subscrição de ações entre os fazendeiros da época.

Aí, com o passar do tempo, a coisa ficou feia. Acabou o dinheiro e nada de terminar a obra. Neste meio tempo, como dizia minha mãe, o Dr. Flávio é eleito deputado estadual pelo PRM (numa rara coligação de todas as forças políticas de Machado), e passa a tentar conseguir recursos diretamente junto ao governo do Estado, em Belo Horizonte. A construção ficou, então, a cargo principalmente do Dr. Edvar Dias, engenheiro formado na Politécnica de São Paulo, e nesta altura presidente da Câmara (1925). Ele pediu licença da presidência, afastou-se de suas fazendas, dispensou o engenheiro contratado, e assumiu pessoalmente a gerência da construção da Estrada de Ferro. Bons tempos estes.

*Foto inaugural da Estrada de Ferro Machadense*

Foi com muita ajuda e a contribuição de muitos machadenses ilustres, que se conseguiu inaugurar a estrada de ferro em 1928 (com a presença do presidente do Estado Antonio Carlos Ribeiro de Andrada, que à noite foi saudado no Centro Machadense pelo prof. José Augusto Vieira da

Silva, genro do Dr. Flávio e meu pai), e no mesmo dia foi assinado o decreto de encampação pela Rede Mineira de Viação (RMV), com ressarcimento de todos os investidores (inclusive o Dr. Flávio). Nesta época havia sido criado também o Banco Machadense (mais tarde absorvido pela Casa Moreira Salles, de Poços), cujo presidente por muitos anos foi meu tio Homero Costa, para apoiar as atividades produtivas da região. A Estrada de Ferro devia um dinheirão ao Banco, e a particulares. A encampação pela RMV, com indenização pelo Estado, foi obra das gestões do Dr. Flávio na Capital.

*Antiga Estação da Capoeirinha da EFM e*
*alguns exploradores no ano de 1972*

Dr. Flávio teve também uma enorme atuação na Sociedade Mineira de Agricultura. Muitas vezes eu o vi, já na aposentadoria, sair de terno, colete, chapéu e botinas, para as reuniões da SMA, reuniões a que ele comparecia religiosamente. Com sua índole política ainda muito presente, vivia às turras com um tal de Naves, possivelmente o presidente naquela época (início da década de 50). Tenho aqui em mãos um documento que ele redigiu em 1918 sobre o "Comércio e Feira de Gado em Minas Gerais", datado de Belo Horizonte, e publicado pela SMA, que foi carinhosamente conservado pela familia Dias Swerts, de Machado. Pelo que vemos, a atuação política e profissional do Dr. Flávio levavam-no a sonhar - com razão - com vôos mais altos do que a mera política municipal. Acho que aí está a chave para entendermos a mudança da família para Belo Horizonte, o que deve ter ocorrido em 1929 ou 1930. O Dr. Flávio pensava em algum cargo importante no governo do Estado, talvez a secretaria de Agricultura.

A revolução de 30, embora tenha sido deflagrada no Rio Grande do Sul, teve um enorme apoio de Minas, já que Antonio Carlos julgava-se no direito de substituir o presidente Washington Luís, e não gostou nada da decisão deste em colocar seu conterrâneo Julio Prestes na presidência. Mas a política mineira não era monolítica. Houve, também, uma cisão dentro do PRM, representada por Melo Viana, que refletia os diversos interesses regionais (Sul de Minas, Zona da Mata, Centro). Ora, Dr. Flávio, com seu faro político, deve ter percebido a enorme oportunidade que os novos tempos traziam, e me parece que a presença dele na capital facilitaria os contatos com as lideranças do PRM. Some-se a isso a crise de 29, com a perda do valor internacional do café. Mas, o negócio do Dr. Flávio não devia ser apenas a fazenda. A minha mãe sempre me disse que ele não tinha muita queda para o ramo. O negócio dele era, principalmente, a política.

*Avenida Afonso Pena, Belo Horizonte, em 1930.*

O tio Glenan tinha uma outra versão, mais simples. Dizia ele que o Dr. Flávio recebeu, na fazenda, um telegrama do sr. Manoel Tomaz Carvalho de Brito (grande amigo do Dr. Flávio e padrinho da tia Didi), um político mineiro do PRM muito influente antes da revolução de 30 (líder da "Concentração Conservadora", que apoiava a candidatura Júlio Prestes), e que aspirava também a ser o presidente do Estado, dizendo "Flávio, preciso muito de você aqui". O Dr. Flávio deve ter pensado "esta é a hora, vão me oferecer algum cargo importante". Fez as malas, e foi com a família toda de mudança para Belo Horizonte. Instalaram-se na rua da Bahia, Dr. Flávio colocou o melhor terno, e foi procurar o Carvalho de Brito. Lá chegando, este explicou melhor. Estava precisando muito de um apoio financeiro...

A verdade é que a revolução de 30 mudou o panorama político.

*Fotos na Afonso Pena: José e Cici (1929), Zequinha e Verinha (1935)*

A primeira residência da família em Belo Horizonte foi mesmo numa casa da rua da Bahia, em frente à igreja de Lourdes. Já se vê que era um endereço nobre, a poucos metros da praça da Liberdade. Acho que aí o Dr. Flávio pensou "agora, não volto mais". Tinha, nesta época, por volta de 60 anos. Vou me instalar condignamente, e vou fazer alguma coisa aqui. Para começar, comprou um palacete na avenida Afonso Pena, uma casa senhorial, de onde se avistava toda a cidade.

*Casa da família Leite Dias - avenida Afonso Pena, BH*

Enquanto isso, deixou a fazenda nas mãos de prepostos. Até que a coisa foi ficando meio complicada, e a família convenceu o tio Ivan, formado em engenharia, a passar quatro anos tocando o negócio da fazenda. Ele mesmo me contou, uma vez, que o isolamento era tão grande naqueles tempos que quando chegavam boiadeiros pedindo para pernoitar perto da sede, ele ficava acordado a noite inteira, cercado de cães fila na varanda, com medo de ser morto à noite. Diz o meu primo Flávio Vilhena que ele (tio Ivan) pensou até em comprar a fazenda da família, depois que ele foi colocando as coisas no lugar, e alguém deu contra. Foi pena, porque a fazenda acabou tendo que ser vendida mesmo, já que muito tempo depois passou a dar mais prejuízo do que alegrias, administrada por terceiros.

Em 1944 meus avós completaram bodas de ouro. Foi uma festança. Missa rezada pelo arcebispo de Belo Horizonte, Dom Antonio dos Santos Cabral, recepção para não sei quantas pessoas. Temos a foto oficial do evento. Nela só não aparecem, dos netos que já haviam nascido, a Mary e o Glenanzinho (filhos do tio Glenan). Estávamos em plena Segunda Guerra Mundial, e haviam várias restrições para viajar.

*Bodas de ouro do casal Flávio e Mathilde (1944)*

A última tentativa do Dr. Flávio de retornar à política estadual aconteceu em 1946, depois da deposição do Getúlio. Ele foi convencido (eu fico pensando com que objetivo) pelos correligionários de Machado a lançar-se novamente candidato a deputado estadual, mas não conseguiu mais se eleger. Minha prima Mary lembra-se de ter envelopado muita cédula de propaganda eleitoral, junto com tia Didi e tia Juju, como se fazia naquela época. Parece que o seu reduto eleitoral se dividiu entre dois candidatos, o próprio Dr. Flávio e o Dr. Emílio Silveira, pessoa de muito prestígio em Alfenas. Este último obteve mais votos, e dizem que conseguiu até o apoio de algumas personalidades machadenses, com o que nunca se conformou o tio Glenan, segundo me falou várias vezes aqui no Rio. Foi por isso mesmo que fiz questão, na única vez em que estive com meu filho Ricardo em Alfenas, que ele fizesse xixi na praça Emílio Silveira (risos). E o médico pediatra dele aqui no Rio, Dr. Wilson Teixeira (eternas coincidências), era da mesma família Silveira, de Alfenas.

Deve ter sido uma grande frustração para o meu avô. O Dr. Flávio estava já com 76 anos, depois de uma vida inteira de lutas e muitas vitórias. Entendeu, finalmente, que era chegada a hora de retirar-se de cena. Mas, continuou ativo nos contatos políticos e na Sociedade Mineira de Agricultura, por muitos anos ainda.

*Última foto do Dr. Flávio de Salles Dias (1958)*

29

Agora passemos à família de D. Mathilde.

D. Mathilde Leite Dias, minha avó, no único registro que encontrei, consta como tendo nascido em Paraguaçu-MG, em 1876. Embora tenhamos a ideia de que ela era nascida em Alfenas, faz sentido para mim, porque o pai dela, o Major Francisco Gonçalves Leite, tinha fazenda em Paraguaçu e lá fez a sua vida. Sobre a mãe, D. Mariana Gonçalves Leite (em solteira Mariana Airosa de Salles) temos poucas informações. Veja mais em "Família Leite".

*Major Francisco Gonçalves Leite*

*Mathilde Gonçalves Leite (c. 1877)*

O major Francisco Gonçalves Leite, pai, era natural de Campanha-MG, e lá se casara em primeiras núpcias e tivera filhos. Foi convencido por Manoel Luiz do Prado a mudar-se para o Carmo da Escaramuça, o que efetivamente fez, dando origem a uma grande descendência dos Leite em Paraguaçu, onde possuía fazenda e diversos interesses. Com a morte de sua primeira mulher, casou-se novamente com a D. Mariana Airosa de Salles, de Alfenas.

A família Leite possui numerosos representantes em Paraguaçu-MG até hoje. Eu tive a oportunidade de ver em casa da Lourdes, em Alfenas, uma enorme pintura a óleo, mostrando o major Leite de corpo inteiro, e com ares de grande senhor (foto na página anterior).

D. Mathilde tinha, também, muitos irmãos. Do primeiro casamento, na cidade da Campanha-MG, do major Leite com Maria Joaquina Gonçalves Pereira (falecida no Carmo da Escaramuça em 16/8/1858), segundo José Hermano Prado:

1. **Joaquim Gonçalves Leite**, casado com Maria Barbara de Jesus
2. **José Gonçalves Leite**, casado com (1) Anna Cândida de Oliveira e (2)Maria do Carmo Prado Bueno
3. **Anna Joaquina Leite**, casada com Manoel Fernandes de Oliveira
4. **Boaventura Gonçalves Leite**, casado com Maria José Alves da Silva
5. **Martinho Gonçalves Leite**, casado com Francisca Leite
6. **Maria José Gonçalves Leite** (Zinha), casada com José Fernandes
7. **Maria do Carmo Leite**, casada com João Pedro Ferreira Lopes
8. **Francisco Gonçalves Leite Jr.**, casado com Theresa Alexandrina Soares
9. **Ignez Gonçalves Leite**, casada com Antônio do Carmo

Magalhães

10. **Laureana Gonçalves Leite**, casada com João Damasceno de Salles (filho de Flávio Secundo de Salles e Maria Luísa do Prado), tio do Dr. Flávio.

Do casamento do major Leite com Mariana Airosa de Salles, em Alfenas-MG (5/5/1859):

11. **Ernesto Leite**, casado com Rita Cândida da Silva (pais de Maria José - Dona Lili, famosa professora de muitas gerações de alfenenses, casada com Ismael Brasil Corrêa, ex-prefeito de Alfenas).

12. **Francisca Leite**, casada com Dadico Pedroso

13. **Josefina Leite**, casada com Antonio Carvalho (Tote)

14. **Olimpia Leite**, casada com (1) Galdino Nogueira, (2) Jonas Figueiredo

15. **Ernestina Leite**, casada com José da Silva Bragança

16. **Alberto Leite**, nascido em 1864.

17. **Mathilde Leite**, casada com o Dr. Flávio de Salles Dias.

Olímpia Leite teve apenas uma filha do primeiro casamento, Marieta, que era a madrinha do tio Glenan. Durante uma certa época ela e Jonas Figueiredo foram arrendatários da fazenda da Capoeirinha. Dos filhos do segundo casamento, conheci a Santinha (Sylvia) e a Lourdes.

Minha avó, pela lembrança que tenho, era a personificação da *la grande dame*. Sempre muito bem vestida, elegante, com seus cabelos brancos muito bem penteados. Lembro que uma vez, na casa da av. Afonso Pena, olhei lá para dentro e vi duas avós, as duas de robe de seda, e com aqueles sapatinhos macios azuis, cabelos brancos. Era minha avó e a irmã dela, Josefina. Quando eu passava, sorrateiramente, pelo corredor da casa, vindo do quintal com uma sacola cheia de jabuticabas, ela me parava e dizia "ô meu nego, deixa eu pegar umas graúdas aqui". Eu ficava uma fera. No dia em que meu pai morreu, em 1950, ela me levou para o quarto dela, e junto à imagem de Nossa Senhora do Carmo, rezamos uma oração por ele (e por nós). Ela já não estava muito bem, e não foi ao enterro. Ela nos deixaria pouco tempo depois, em 1952.

Conservo aqui na minha sala no Rio uma licoreira que pertenceu a meus avós e que D. Mathilde mantinha na sala de visitas da casa da avenida Afonso Pena, sempre cheia e pronta a servir aos visitantes. E nos dias de chuva, mandava servir um cálice às crianças. Aqui, por acaso, está sempre vazia.

Ela criou, também, uma tradição que tem sido inspiradora para mim. Cada filho ou filha que casava ganhava de presente um aparelho de cristal *Saint Louis*, da mesma forma como ela havia recebido de presente.

*Foto da família para marcar a formatura do médico Dr. Glenan Leite Dias.*
*Da esquerda para a direita: Dr. Flávio, Cici, Glenira, Glenan, Ivan, Iracema,*
*Mathilde e no chão Juju e Geraldo  (1922)*

*Família Dias Vieira, no aniversário de 88 anos do Dr. Flávio (1958)*
*Carlinhos, Vera, Lucílio, Dona Cici, José Flávio e Serginho*

Eles tiveram um grande impacto ao início do casamento. O segundo e o terceiro filhos, ambos de nome Volney, morreram com pouco mais de um ano de idade. Portanto, quando nasceu o terceiro filho - exatamente a minha mãe -, deve ter sido um alívio que ela tenha chegado com saúde aos dois anos, e daí até os 86, firme e forte.

Em 1945 uma terrível tragédia se abateu sobre a família Leite Dias. Tia Iracema, mãe do Olavinho e Glenan (nesta época com apenas dois anos de idade mais ou menos), faleceu de um câncer na mama, infelizmente diagnosticado muito tarde. Ela havia ido passar uns dias em Descalvado, e meio apavorada mostrou ao tio Glenan um caroço no seio. Alarmado, tio Glenan providenciou imediatamente a biópsia e confirmou o que já suspeitava. Ela durou poucos meses. Acho que a minha avó nunca mais se recuperaria desta grande perda.

Flávio e Mathilde tiveram os seguintes filhos:

1. Glenan Leite Dias (13/3/1895 - 22/9/1985)
   casado com (1) Laurinda Mayese e (2) Beatriz Mayese.
2. Volney Leite Dias I (10/10/1896 - 9/11/1897)
3. Volney Leite Dias II (8/4/1899 - 16/8/1900)
4. Mariana Iracy Leite Dias (17/8/1901 - 6/12/1987)
   casada com José Augusto Vieira da Silva
5. Iracema Leite Dias (5/6/1904 -1945)
   casada com Olavo Chagas Ribeiro
6. Ivan Leite Dias (27/9/1907 - 9/10/1983)
   casado com Eugênia Pereira de Vilhena
7. Glenira Leite Dias (12/6/1910 - 21/4/2004)

8. Maria Mathilde Leite Dias
   casada com João Rodrigues da Silva
9. GeraldoLeite Dias (1/2/1918 - 24/5/1977)
   casado com Wanda Fonseca

*Familia Leite Dias em dia de comemoração,*
*rua Washington, BH (1966)*

# A família Souza Dias

A origem dos Souza Dias, família a que pertencemos, foi mais ou menos assim: um português, de nome Custódio José Dias (pai, para distinguir aqui do filho homônimo), casado em 6/2/1766 com Ana Lopes da Silva na capela de N.S. de Nazaré, filial da Matriz de São João del Rei, tinha dois filhos:

**Custódio José Dias** (filho) e **Ana Josefa da Silva**.

Um outro personagem da mesma época, lá pelas mesmas bandas de São João del Rei, chamado Marcos de Souza Magalhães (pai, para distinguir do filho homônimo), casado com Mariana de Almeida e Silva (mãe, idem), tinha também dois filhos:

**Marcos de Souza Magalhães** (filho) e **Mariana de Almeida e Silva** (filha)

Pois bem. O Custódio (filho) casou-se com a Mariana (filha), e o Marcos (filho) casou-se com a Ana Josefa. Portanto, uniram-se duplamente as famílias Dias e Souza Magalhães. Muitos dos descendentes, daí para frente, adotaram como sobrenome "Souza Dias" (poderia ter sido Magalhães Dias, mas não foi). Não é fácil de entender? Só tem mais uma pequena complicação. É que os dois, de ambos os lados, não eram os únicos filhos, e alguns descendentes destes outros irmãos também adotaram o sobrenome Souza Dias. Assim, surgiu no sul de Minas (Machado, Alfenas, Areado, Guaranésia, Paraguaçu, Poços de Caldas) e nas cidades paulistas de Caconde, Tapiratiba, Mococa e São José do Rio Pardo uma enorme família Dias, toda ela aparentada.

E tem mais, o Custódio José Dias (pai) tinha um irmão chamado José Luiz Dias. Este irmão, português também como ele, nascidos ambos na Freguesia de S. Pedro da Boa

Vista, Penafiel, Portugal, imigrou para o Brasil e se localizou em Cabo Verde - MG, ali perto de Poços de Caldas. Dali surge um outro ramo dos Dias, imenso, que também se espalhou pelo sul de Minas, e principalmente em São José do Rio Pardo - SP. O "primo" genealogista Eduardo Dias Roxo Nobre, autor do livro "Capitão Vicente e seus descendentes", afirma que 90% dos Dias do sul de Minas são aparentados. E o que mais confunde a cabeça de quem se propõe a estudar este passado é que os nomes se repetem muito. Por exemplo: a primeira filha de Custódio e Mariana teve o mesmo nome da mãe: Mariana de Almeida e Silva, neste caso a terceira. Existiram muitos casamentos entre primos, e entre tios e sobrinhas, tornando as famílias muito próximas, e adotando o sobrenome Souza Dias. E existe, pelo menos, um Custódio José Dias na descendência de José Luiz Dias.

Querem saber um pouco mais além? Então aqui vai, recolhido do site das *Memórias de Guaranésia*, contribuição de Wrichter. Antônio Dias (pai de Custódio e José) nasceu em 22/12/1675 e morreu em 21/1/1763. Ele se casou com Maria Luiz em 4/6/1726 na freguesia de Boa Vista. Maria Luiz, filha de Gonsalo Antônio e Benta Luiz, nasceu em 6/2/1701 e morreu em data desconhecida. Chega?

Muito bem. Voltemos ao lugarejo de Casal Bom, atualmente fazendo parte da freguesia de Galegos, concelho de Penafiel, Portugal. Lá ainda hoje, segundo Eduardo Nobre, existem "Dias" provavelmente nossos parentes. E está lá, também, a igreja de São Pedro da Boa Vista onde foram batizados e estão sepultados os ancestrais que foram a origem mais remota que conhecemos dos "Dias": o casal Antônio Dias e Maria Luiz, pais de Custódio José Dias e José Luiz Dias (nascido em 26/9/1779), referidos acima. A datas gravadas nos portais das casas dos "Dias" é de 1620.

O primeiro Custódio teve, na realidade, quatro filhos:

1. Padre José Custódio Dias, que foi deputado e senador do Império

2. Capitão-mor Custódio José Dias, casado com Mariana de Almeida e Silva

3. Quitéria Josefa da Silva, casada com o Antônio Moreira de Souza Ribeiro

4. Ana Josefa da Silva, casado com o Alferes Marcos de Souza Magalhães (filho)

Embora naquela época existisse um impedimento de casamentos de consangüinidade comprovada até determinado grau, haviam muitos pedidos de dispensa por inexistência de alternativas práticas, resultando num enorme número de casamento entre primos. O que mais me espantou foi o casamento de nosso ancestral o capitão Pio Souza Dias, filho de Custódio, com sua prima Emirena Umbelina da Silva, filha do alferes Marcos de Souza Magalhães (aliás, o único caso em nossa linha de ascendência). Afinal, os dois tinham exatamente o mesmo sangue (Dias e Souza Magalhães).

Mais ou menos quando Custódio José Dias tornou-se o donatário de uma enorme sesmaria entre Machado e Alfenas, tornando-se o Capitão-mor de Jacuí, o seu irmão mais velho padre José Custódio Dias (nasceu em 1767) já estava envolvido na política. Segundo a "prima" genealogista Silvia Prado Buttros, "José Custódio Dias foi eleito Deputado por Minas Gerais às Cortes de Lisboa, mas não seguiu tal destino, pois a Independência já estava sendo preparada; fez parte da Assembléia Constituinte e da Assembléia Geral. Durante a Regência, em 1835, entra para o Senado." Aliás, ele está lá na lista de senadores do Brasil, no site do Senado Federal. O padre José Custódio Dias ficou famoso pela interpelação que fez a D. Pedro I, pouco antes da abdicação, e também porque foi em sua casa, a famosa "Chácara da Floresta" (Rio de Janeiro) onde praticamente se decidiu pela abdicação de D. Pedro I em favor de seu filho, Pedro de Alcântara, com a redação de um *ultimatum* a D. Pedro I, que o próprio José Custódio foi entregar ao imperador (1831). Mais tarde este declararia que o padre José Custódio era um dos únicos deputados da oposição que nunca lhe pedira um favor. Depois, já senador por Minas Gerais, o padre José Custódio ficou muito doente, e retirou-se para Minas, tendo falecido na casa do irmão em 1838, em Alfenas, e lá mesmo foi sepultado.

*Carlinhos (1949)*  *Serginho (1946)*

O capitão-mor Custódio José Dias e Mariana de Almeida e Silva, casados na capela de N. S. de Nazaré, filial da Matriz de São João del Rei , em 1/3/1794, tiveram os seguintes filhos, segundo levantamento de Ricardo Rebello:

1. Mariana de Almeida e Silva (III), casada com Domiciano José de Souza
2. João Custódio Dias casado com Francisca de Paula e Silva
3. Jacintho José Pereira, casado com Cândida Carolina da Silva
4. Maria Custódia da Silva, casada com Felix de Souza Magalhães
5. Luiza Delfina da Silva, casada com o primo Joaquim

Custódio Dias

6. Margarida de Almeida e Silva, casada com Manoel Jacintho de Souza

**7. Pio de Souza Dias, casado com Emirena Umbelina da Silva**

8. Anna de Almeida e Silva, casada com Vigilato José de Souza

9. Bárbara Bernardina da Silva, casada com José Cristóvão de Lima

10. Francisco José Dias, casado com Francisca Leopoldina da Silva (radicados em Guaranésia-MG)

11. Roque de Souza Dias, casado com Mariana Gabriela da Silva.

O capitão **Pio de Souza Dias** e **Emirena Umbelina da Silva** tiveram os seguintes filhos:

Libânia de Souza Dias
Paulino de Souza Dias
Umbelina Dias
**Umbelino de Souza Dias, casado com Umbelina Carolina Prado de Salles**
Placedina Dias
Maximiana de Souza Dias
**Mariana Umbelina de Souza Dias, casada com o Dr. Eugéne Amedée Swerts**
Amélia Souza Dias
Emirena de Souza Dias
Maria Umbelina Dias
Presciliana Cândida Dias, casada com Luiz José Dias
Luiza Dias
Pio de Souza Dias, casado com Emerenciana Candida Osória/Mariana de Almeida e Silva/Olímpia Gabriela Dias
Leonor Osória Dias, casada com o coronel Marcos de Souza Dias.

Segundo Homero Costa, em sua *Contribuição à História de Machado* (1976), quando da morte do capitão mor Custódio José Dias "de seus herdeiros só receberam pagamento em terras localizadas no atual município de Machado, distrito da cidade, o coronel Jacintho, o de nome Pio, o mais moço, Dr. Roque, e a filha Margarida, casada com Manoel Jacinto. Os demais filhos receberam terras exclusivamente situadas no município de Alfenas e, talvez, em parte, no de Fama; ou, por se terem mudado para outras paragens - sabemos que alguns emigraram para a, então, província de São Paulo, tendo fundado Mococa, localidade fronteiriça com o território de Minas - terão solvido seus direitos hereditários por forma diversa."

*Cama onde nasceram todos os filhos de Flávio e Mathilde, hoje restaurada e conservada na Fazenda Santa Elisabeth, em Descalvado-SP*

Homero Costa diz mais em relação às fazendas: "As terras recebidas pelo herdeiro filho - Pio -compreendiam uma grande área que, abrangendo a, depois, fazenda do 'Coroado' 8, se estendia, para o lado de Alfenas, atravessando ainda, no 'Coroado', as divisas, em grande extensão, para formar, já nesse município, a grande fazenda da Laje."

E os Souza Magalhães, de onde vieram?

Segundo dados do *Projeto Compartilhar*, coordenado por Bartyra Sette e Regina Moraes Junqueira, de São Paulo, o tenente-coronel "Marcos de Souza Magalhães era natural da Freguesia de São Pedro de Sá, Termo de Arcos, Comarca de Valença, Arcebispado de Braga, filho de outro Marcos de Souza Magalhães e Juliana Soares de Araújo, naturais da mesma freguesia." O local de nascimento hoje chama-se Arcos de Valdevez, no Minho, Portugal.

"O tenente coronel Marcos de Souza Magalhães faleceu aos 03/2/1773, com testamento redigido aos 12/6/1770 onde declarou sua naturalidade e filiação e teve seu inventário aberto aos 30/9/1773 por sua viúva, deixando cinco filhos, todos menores." A viúva e os filhos moravam, nesta época, na região de São João del Rei. Alguns nunca saíram de lá.

O alferes Marcos de Souza Magalhães (filho) tinha 18 anos em 1773, morava com a mãe e ocupava-se da mineração. Faleceu em 2/12/1824, sem testamento. Possuía a Fazenda da Fonte em São Tiago de Ibituruna, onde era morador e onde seu inventário foi aberto pela viúva.

Temos ainda um ramo da família Souza Dias muito conhecido: os Carvalho Dias, de Poços de Caldas, grandes cafeicultores e industriais, fundadores do *Laticínios Poços de Caldas*. Segundo D. Mathilde de Carvalho Dias, em seu livro *Amor e Trabalho* (1973) , o pai de seu marido, Lindolpho Pio da Silva Dias chamava-se "Adolpho Pereira Dias, era natural da cidade de Machado, Sul de Minas, filho de Jacintho Pereira Dias, também fazendeiro e neto de Custódio José Dias, fundador de Machado." Além disso, a mãe de Lindolpho,

Ignez Bernardina da Costa Junqueira era também, por sua vez, descendente de Ana Josefa e Marcos de Souza Magalhães (citados no início), por sua filha Maria Ignez da Silva Magalhães.

*Cici, primeira filha de Flávio e Mathilde (c. 1916)*

*Zequinha, Lucílio e Flávio Alberto entrando na Capoeirinha (1972)*

*Família Leite Dias no Rio de Janeiro (2009)*

# A família Salles

Pouco conhecemos das origens do tenente-coronel Flávio Secundo de Salles, avô materno do Dr. Flávio, e a quem este deve o nome. Uma versão, talvez mais simpática, é a de que ele era um jovem professor em São Paulo no início do século XIX e foi contratado para acompanhar os estudos dos filhos e empregados de Manoel Ferreira do Prado. Isto foi o que nos contou Oscar Prado, de forma romanceada, em seu livro *O Sertão dos Mandiboias*. Agora, através da contribuição da prima e pesquisadora Sílvia Buttros sabemos que certamente não foi assim. O registro de casamento (constante do Livro de Casamentos de Douradinho) de Flávio Secundo de Salles com Maria Luíza dos Reis Prado diz o seguinte:

*"Aos dezesseis de maio de mil oitocentos e vinte e nove nesta Matriz do Douradinho feitas as diligencias de estilo e sem impedimento algum pelas onze horas do dia receberão em matrimonio Flavio Secundo de Sales exposto em casa de Donna Ursula Francisca Xavier de Tolledo, natural da freguesia da villa da Campanha e Maria Luiza dos Reis filha legitima do Capitão Manoel Ferreira do Prado e Donna Theresa Maria de Jesus natural desta freguezia sendo em minha presença e das testemunhas abaixo assignadas ......lhes conferi as bençoins nupciais do que mandei fazer este assento.*
*O Vigr.o Antonio de Oliv.a Carv.ho . Marcos Aurelio Silv.a Joaq.m Luis dPrado."*

Portanto, agora sabemos que Flávio Secundo era nascido na cidade da Campanha e foi um *exposto*. E o que é isso? Segundo a historiadora Maria Luiza Marcílio no texto *A roda dos expostos e a criança abandonada no Brasil* "a roda dos expostos é um dispositivo com origem medieval e italiana. Inicialmente utilizada para manter o máximo de isolamento dos monges reclusos, é posteriormente adotada também para preservar o anonimato, mas agora daqueles que depositam nela bebês enjeitados" e que eram, por isso, chamados de expostos. Esta roda dos expostos ficava, geralmente, nas Santas Casas de Misericórdia. O abandono de bebês se dava, sobretudo, nas classes mais pobres da sociedade e entre os escravos. Mas, também, entre as mulheres brancas (principalmente as solteiras), que preferiam abandonar do que ter um filho ilegítimo. Segundo artigo da também historiadora Renata Pedroso de Araújo, "é de se supor que muitos enjeitados no Brasil colonial fossem resultado das relações ilícitas de mulheres de condição social elevada, para as quais era fundamental a manutenção da honra".

E se assim é, Flávio Secundo não tinha ascendência conhecida, e seu nome deve ter sido dado por quem o acolheu, em homenagem a São Francisco de Sales ou por outro motivo. É exatamente este possível outro motivo que eu gostaria de explorar. Segundo a "Genealogia Paulistana" , de Silva Leme, dona Úrsula Francisca Xavier de Tolledo (citada na transcrição acima) era irmã do cel. Francisco de Salles Xavier de Tolledo (Genealogia Paulistana, de Silva Leme), cujos doze filhos foram registrados com o sobrenome Salles. Uma de suas filhas, Branca Leodora de Salles, que faleceu solteira, por incrível coincidência foi a madrinha de batismo de Maria Luíza, aquela que viria a ser a esposa de Flávio Secundo, juntamente com o pai dela, o cel. Francisco de Salles. Confira abaixo:

### Do livro de batizados de Santa Anna do Sapucaí:
(pesquisa de Silvia Buttros)
*"Aos trinta e hum de Janeiro de mil oitocentos e dez na Capella de São João do Douradinho desta Matriz o Padre Luiz Gomes de*

*Oliveira baptizou e pos os santos oleos a Maria, filha do Capitão Manoel Ferreira do Prado e Tereza Maria de Jesus; forão padrinhos o Coronel Francisco de Sales e sua filha Branca Leodora; do que fiz este assento. O Vigar.o João Alvares Botão."*

Eu deduzo, nada cientificamente, que o casamento de Flávio Secundo e Maria Luíza foi arranjado pelos padrinhos de batismo dela, irmão e sobrinha da senhora que o criou na Campanha, de mesmo sobrenome dele (Salles).

A família de dona Úrsula Francisca Xavier de Tolledo (e de seu irmão cel. Francisco de Salles de Toledo) faz parte do título dos "Toledos Pizas", da Genealogia Paulistana, de Silva Leme. Ela era filha de dona Branca de Toledo (nascida na Campanha) e Francisco Xavier da Silva (natural de Portugal). Dona Branca era filha do capitão-mor João de Toledo Piza Castelhanos e dona Maria Pedroso, sepultados na matriz de Santo Antônio do Val da Piedade (hoje Catedral da Campanha). O cel. Francisco de Salles Xavier de Toledo aparece ainda como o mais antigo donatário de que se tem notícia de uma sesmaria na região de Machado (16 de abril de 1765, conforme transcrito no livro de Ricardo Rebello).

Flávio Secundo de Salles foi fazendeiro, membro destacado da comunidade, tenente-coronel da Guarda Nacional e dedicou-se por um breve período à política, participando da Câmara de Machado. Foi também um dos fundadores da Loja Maçônica "Guilherme Dias", em Machado (1875), sendo seu primeiro vice-presidente. Seu filho mais velho, Joaquim Lucas de Salles, foi atuante na política de Machado e Paraguaçu, merecendo a homenagem de seu nome em uma das ruas desta última. O que é interessante é que Flávio Secundo foi também homenageado, dando seu nome a uma rua importante da cidade de Machado, a "rua Cel. Flávio", não sabemos se na administração do neto. Mas Dr. Flávio ele mesmo não tem nenhuma rua ou praça na cidade com seu nome, embora tenha sido ali um admirável administrador e chefe político na República Velha.

*Casamento de Laurinda Mayese e Glenan Leite Dias, em Aparecida, 26/7/1926
Aparecem: Iracema Leite Dias (à esquerda, vestido claro), Dr. Flávio de Salles Dias e
D. Mathilde Leite Dias (atrás dos noivos)*

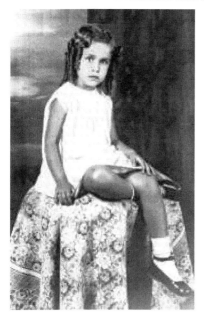

*Mary Mayese Leite Dias (1931)*　　　*Glenan Leite Dias (Filho) (1931)*

# A família Gonçalves Leite

Esta é a família do pai da D. Mathilde. Suas origens estão na cidade de Campanha -MG , onde nasceu Francisco Gonçalves Leite (este era o seu nome completo, conhecido depois como "Major Leite"), filho de Jerônimo Gonçalves Leite e Laureana Gonçalves de Brito. A família Leite de Campanha-MG veio diretamente de Portugal, com a chegada do avô de Jerônimo, de nome João Gonçalves Leite, por volta de 1770. Não há nenhuma relação, que se saiba, com a família Leite da mulher do bandeirante Fernão Dias, e com outras famílias homônimas em São Paulo e Minas.

Francisco Gonçalves Leite foi batizado em São Gonçalo do Sapucaí em 8/5/1808, o mesmo ano da chegada da família real ao Brasil. Em 1839, na qualidade de Juiz de Paz, fez o Mapa de População de "Carmo do Douradinho". Em 1856 declarou terras no lugar chamado "Engenho Velho", fazenda que depois pertenceu a seu filho José Gonçalves Leite e descendentes.

O major Leite foi casado duas vezes. Primeiro com uma jovem da Campanha (em 1826), de nome Maria Joaquina Gonçalves Pereira (filha de Boaventura Gonçalves de Brito e Ana Joaquina Pereira), que vem a ser a ascendente de nossa prima Gema Fuzimoto, moradora na rua D. Mariana, aqui no Rio. Uma prima de Maria Joaquina, chamada Mariana Carolina (filha de seu primo José Jacintho Pereira de Magalhães), casou-se com José Manoel dos Santos Pereira, e estes são os pais do capanhense mais ilustre, o cientista Vital Brazil Mineiro da Campanha (este era exatamente o nome

CARLOS VIEIRA | JOSÉLIA TELES

dele). Outra prima, chamada Ana Jacintha, casou-se com Manoel Luiz do Prado, do Carmo da Escaramuça (e irmão de Maria Luíza do Prado, avó do Dr. Flávio). Foi este primo que convenceu o major Leite e Maria Joaquina a se mudarem para Paraguaçu (segundo o relato de Oscar Prado), e lá se instalarem como fazendeiros. Com o falecimento de sua mulher, o major Leite resolveu mudar-se para Alfenas, mas mantendo seus interesses no Carmo da Escaramuça. Foi aí, então, que conheceu sua segunda esposa, de nome Mariana Airosa de Salles (minha bisavó), e com ela se casou em Alfenas-MG (0 5/5/1859).

D. Mariana Airosa nasceu na Campanha, filha de Lucas Evangelista de Salles, falecido na Campanha aos 16/9/1854 e de D. Mariana Ribeiro, esta nascida em 1796. Era também neta materna de Francisco Ribeiro da Silva e de D. Maria Thereza do Nascimento, esta nascida em Serranos -MG, e falecida na Campanha aos 03/7/1853.

Nesta altura o major Leite já tinha dez filhos. Com a segunda esposa, ele teve mais sete filhos. Portanto, no total, D. Mathilde teve dezesseis irmãos. Quando ela nasceu, os irmãos mais velhos já estavam na faixa dos quarenta anos.

Pelo que sabemos, o major Leite e muitos de seus descendentes estiveram mais ligados à cidade de Paraguaçu do que Alfenas. "No Carmo da Escaramuça o major Leite foi pessoa muito atuante e prestigiada. Foi fazendeiro ativo, distinguindo-se como agricultor e pecuarista. Politicamente era do Partido Liberal, passando depois para o Republicano. Muito relacionado, teve ação eficiente na organização do Congresso Republicano do Sul de Minas." (Oscar Prado, livro *O Sertão dos Mandiboias*).

A principal via pública da cidade de Paraguaçu, hoje em dia, chama-se avenida Gonçalves Leite. Se não uma homenagem direta ao major Leite, pelo menos aos seus descendentes, que tanto contribuíram para o progresso da cidade.

*O Major Leite, D. Mariana e filhas (1878)*

*Glenira Leite Dias (1988)*

*Mary e Didi na casa da Av. Afonso Pena, BH*

*Didi e Beatriz Dias na colheita do café, Fazenda da Capoeirinha (1938)*

*Família Leite Dias na Santa Rita:*
*Zequinha, Cici, Flávio e Cláudia*

*Família Leite Dias no São Domingos:*
*Pedro, Lília e José Augusto (1969)*

*Vistas da Fazenda da*
*Capoeirinha (1972)*

# A família Prado

O nosso ramo da família Prado, cujas origens no Brasil datam do início da capitania de São Vicente, começa com o capitão Manoel Luiz Ferreira do Prado, bisavô materno do Dr. Flávio, e sua mulher Tereza Maria de Jesus, que se estabeleceram nos sertões da Campanha por volta de 1798. Manoel Luiz do Prado, que passou à história como "Prado Velho"(faleceu em 1830), requereu e obteve uma enorme sesmaria na região onde onde se situa a cidade de Paraguaçu-MG, naquela altura totalmente inexplorada e habitada por indígenas da tribo Mandiboias. Depois que obteve esta sesmaria, segundo a lenda, ele juntou tudo que tinha, escravos, empregados, carros de boi e colocou a família na estrada, fazendo um longo percurso desde São Paulo, passando pelo vale do Paraíba, depois Pouso Alto, Baependi, Campanha, até chegar em suas terras. Quem nos contou esta epopéia foi o "primo" Oscar Ferreira Prado, em seu livro *O Sertão dos Mandiboias.* Entretanto, existem algumas dúvidas levantadas pela pesquisadora e genealogista Sílvia Buttros. Primeiro, Manoel Luiz nasceu em Santa Bárbara, e não em São Paulo. Segundo, ele casou-se com D. Tereza Maria no Rio de Janeiro. De qualquer maneira, eles devem ter chegado aos sertões dos mandiboias aí nos fins do século XVIII.

Lá estabeleceram-se imediatamente, demarcando como puderam suas terras, tendo algumas escaramuças com os indígenas, e criando a grande fazenda do "Espírito Santo". A partir daí foram chegando outros migrantes, inclusive o segundo grande sesmeiro, o português Agostinho Fernandes de Lima Barata (faleceu na fazenda da Mata em 1853) e foi se formando o povoado que mais tarde se chamou "Carmo da

Escaramuça", atual cidade de Paraguaçu-MG. Os dois são considerados, por isso mesmo, fundadores da cidade.

O casal Manoel Luiz Ferreira do Prado e Tereza Maria de Jesus teve os seguintes filhos:

1. Maria Luiza dos Reis Prado, casada com o coronel Flávio Secundo de Salles
2. Manoel Luiz do Prado, casado primeiro com Ana Jacintha Pereira de Magalhães, de família de Campanha, e depois com Mariana Carolina Pereira de Magalhães.
3. João Luiz do Prado, casado com Vicência Maria de Souza.
4. Joaquim Luiz do Prado, casado com Tereza Vitória de Melo.
5. Luiz Manoel do Prado, casado com Joana Luiza Gomes.
6. José Lino do Prado, morreu solteiro.
7. Lino José do Prado, casado Genoveva Amélia de Jesus.
8. Delfina de Araújo Silva Prado, casada com Antônio Caetano Pereira de Magalhães.

O casal **Maria Luiza** e **Flávio Secundo de Salles**, avós do Dr. Flávio, teve os seguintes filhos:

1. Joaquim Lucas de Salles, casado com Teófila Bressane.
2. Diogo de Salles, casado com Bárbara de Jesus.
3. Flávio Juventino, casado com Balbina de Jesus.
4. Teresa Maria de Salles, falecida solteira em 1843.
5. João Damasceno, casado com Laureana Leite.
6. José Benício.
7. Umbelina Carolina Prado de Salles, casada com o Umbelino Souza Dias.
8. Delfina de Salles
9. Manoel Ferreira, falecido na Guerra do Paraguai.

10. Tomaz de Aquino, falecido na Guerra do Paraguai.
11. Francisco Xavier, falecido na Guerra do Paraguai.

A família Prado é muita extensa, tendo se espalhado por cidades do Sul de Minas (como Alfenas, Muzambinho, Areado, Guaxupé, Cabo Verde), do Vale do Paraíba (como Lorena e Taubaté), outras cidades do interior de São Paulo e, principalmente, Belo Horizonte.

*Glenan Leite Dias, campeão brasileiro de polo, pela Sociedade Hípica de Descalvado (1933)*

*Mary, Cici, Carlinhos e Glenanzinho em Descalvado (1949)*

# A casa do meu avô

"Este título eu coloquei de propósito. É o mesmo de um livro de Carlos Lacerda, dos melhores que já li até hoje. A casa do meu avô, para mim, representou a descoberta de várias coisas. Acho que a mais importante para a vida adulta foi chupar jabuticaba no pé. Quem nunca fez isso, ou - como meu amigo Sarmento, de Paraíba do Sul - nunca alugou um pé de jabuticaba, vai ter que nascer de novo.

A casa do meu avô era um imponente casarão na esquina da avenida Afonso Pena com rua Cláudio Manoel, ocupando quase toda a quadra. Era uma verdadeira chácara. Parece que a casa foi construída por volta de 1914 (há uma foto em que aparece esta data gravada no primeiro degrau da escadaria) por alguém que era um jogador inveterado e havia ganho nos cavalos. Razão pela qual, me contava tia Didi, as escadarias tinham formato de "copas" e no alto da casa havia um cavalinho por cima das setas indicando os pontos cardeais. Pedro Nava, no livro *Chão de Ferro*, dá uma pista: o primeiro dono teria sido um tal de Saninha.

Fazia parte de um conjunto de casas com grandes terrenos que ornavam a subida para a Serra. A casa dos Aleixo, do Dr. Necésio Tavares, dos Ferreira, do Estevão Pinto, a chácara dos Goulart (do nosso amigo Cacaio) e a dos Gomes Pereira (onde também fui chupar jabuticaba no pé). Meu avô deve ter comprado esta casa lá pelo início dos anos 30, depois de ter se instalado na rua da Bahia, em frente à igreja de Lourdes, vindo do Sul de Minas. Como ele havia sido deputado estadual, e tinha outras pretensões políticas, acho que ficava bem morar na avenida Afonso Pena. Sei  que a família rapidamente aprovou, e passou a frequentar os salões da época, sobretudo minhas tias mais novas. Minha mãe contava que chegou a cavalgar na avenida. Bons tempos.

Dizem que o corso, no carnaval, era um evento imperdível. Eu ainda peguei um pouco disso, quando era muito criança. Era um desfile interminável de carros apinhados de gente, todo mundo fantasiado. Verinha me conta que foi uma vez com Arquelão e Maria José. Mary também se lembra de ter ido ao corso com tia Juju, fantasia especialmente confeccionada para isso. Estes eram tempos da juventude agitada de Belo Horizonte, numa cidade nem tão agitada assim, mas que teve no Automóvel Clube, fundado no início da década de 30, e no Clube Belo Horizonte, o seu ponto alto.

A casa do meu avô foi construída com dois pavimentos praticamente iguais. A família só ocupava a parte de cima, e quando necessário descia-se por uma escada interna, de madeira, que ficava no corredor, ao lado de um telefone arcaico - talvez tenha pertencido ao próprio Graham Bell. Na parte de baixo, que eu explorava de vez em quando, meu avô mantinha uma pequena oficina, e guardava mantimentos que vinham da fazenda. Um dos quartos, que dava para a avenida, foi uma vez requisitado pelo meu primo Olavinho, que fez dali um quarto de estudos, preparando-se para o vestibular de engenharia. Muitas vezes eu passei subindo em direção à minha casa, e o vi gesticulando e discutindo em voz alta com os colegas. Foi nesta parte de baixo, também, que eu encontrei um livro de Rafael Sabatini, acho que leitura antiga do tio Geraldo, e fui apresentado ao Capitão Blood, que imediatamente passou a povoar minha cabeça com piratas e abordagens. A varanda superior era um ponto de encontro da família. Com cadeiras de palha, de lá podíamos avistar toda a praça e comentar as últimas. Foi ali que eu ouvi Jambalaya pela primeira vez, vocalizado em tom de gaita pelo Pafúncio, um empregado da casa. Eu gostava muito de ficar escutando tio Geraldo contar os casos do Pronto Socorro, com os pés apoiados na balaustrada de ferro. Meu avô chupava discretamente suas balas e com o papel fazia uns canudinhos que enfiava devagarinho no ouvido das crianças, fazendo cócegas.

Era ali também que esperávamos, ansiosos, a subida do Papai Noel, que chegava pelas escadarias da frente, com uma vassoura vermelha na mão esquerda e um saco de presentes às costas. Uma vez comentei com tio Geraldo que ele tinha um sapato igual ao do Papai Noel e ele me olhou espantado, como se não acreditasse naquela estranha coincidência... A distribuição de presentes era feita na sala de visitas, onde um enorme pinheiro (talvez    trazido lá do alto da caixa d'água da Serra) todo enfeitado de bolas vermelhas enchia a casa daquele perfume típico dos natais.

O meu avô Flávio e minha avó Mathilde ocupavam um grande quarto da  frente. Depois, vinha o da tia Didi. Em frente ao dela haviam mais dois quartos interligados, e no primeiro era onde nós dormíamos às vezes. O último, depois da morte da minha avó, passou a ser o quarto só do meu avô, e eu, às vezes, o surpreendia à janela chupando gostosamente uma manga do quintal. Ele ficava em casa sempre de pijamas. Acho que, por esta época, havia personificado a figura típica do  aposentado. De manhã, descia para trabalhar na horta, onde só ele podia mexer, cortava umas lenhas para o fogão, e subia meio sujo de barro, levando bronca das mulheres da casa. Mas, meu avô apenas sorria. Contam que ele só perdeu este sorriso nos lábios uma única vez. Foi mais ou menos assim. Ele recebia, periodicamente, de uma amiga de Alfenas (Totota), umas caixetas de madeira, com uma tampa de correr, cheias de goiabada feita especialmente para ele, em tachos de cobre. Quando o presente chegava ele escondia entre as roupas do armário, e toda noite ia, discretamente, ao quarto após o jantar, abria a caixeta sempre no mesmo sentido, e cortava uma fatia da goiabada. Não dividia com ninguém. Minha avó achava aquilo tudo um desaforo, e certa vez imaginou uma maneira de burlar a vigilância do marido. Quando meu avô saía para alguma reunião na Sociedade Mineira de Agricultura, ou para a missa de São Geraldo, às segundas-feiras na Igreja de São José, ela então abria a caixa de goiabada no sentido contrário, e tirava uma lasca. O problema previsível aconteceria na ocasião em que os dois lados se encontrassem. Dizem que, neste dia, meu avô urrou. Aí foi um deus nos acuda.

Ele tinha uma paixão que cultivava desde os tempos da fazenda da Capoeirinha, em Alfenas. A criação de enormes cães da raça fila brasileiro, que mais pareciam umas leoas. Cada um com nomes de personalidades da época. No meu tempo ele tinha uma rotina apavorante para mim. Pontualmente às quatro horas da tarde ele soltava um destes enormes cachorros, com o nome de Perón, estivesse quem estivesse no pomar. Uma vez, encarapitado no alto de uma jabuticabeira, enchendo o embornal só de graúdas, ouço aqueles passos apressados embaixo da árvore e um fungar de fera liberta da jaula que me deu um frio na espinha. E agora? Vou dormir em cima da jabuticabeira. Diziam histórias horrorosas naquele tempo, que os cachorros pegavam quem pulasse o muro, que arrancavam cavaleiros de cima do cavalo na fazenda, e outras proezas, para as quais definitivamente eu não estava preparado. Minha sorte foi um descuido do cão, que foi latir lá na frente e me deu tempo de descer, correr, e pular o muro para a rua, tendo antes salvo o embornal de jabuticabas.

Se meu avô gostava de cães fila, minha avó tinha, oficialmente, o Tampico. Era um cão *daschund* marrom, muito esperto, com direitos a ficar dentro de casa. Se fizesse alguma peraltice, meu avô mesmo aplicava um corretivo. Uma vez ele exagerou na dose, e o Tampico saiu rapidamente pela porta da frente, desceu as escadarias, saiu pelo portão, subiu Afonso Pena, entrou na Santa Rita, cruzou Maranhão, e foi se alojar dentro da máquina de costura da minha mãe. Nunca entendemos como ele pode fazer este trajeto sozinho, e sem nenhuma dúvida. O Tampico foi uma figurinha inesquecível para todos nós crianças, e depois dele houve uma tradição de cães desta raça em nossa família: Godofredo, Poopy, Lilico Libório, Oto Augusto, Pirulito e Pietro. Acho que só a minha prima Lília saiu fora deste script, e arranjou logo um "bichon frisé".

Havia na copa uma grande janela de vidro bizotado, e uma mesa redonda, com uma outra menor giratória colocada em cima, onde se colocavam os pratos. Aí cada um podia se servir calmamente, e ninguém precisava ficar passando os pratos. Só os pequenos eram perturbados, de vez em quando, pelo tio Geraldo, que colocava uma colher presa num dos pratos e girava a mesa, roçando a cabeça de algum desatento.

Era nesta mesa que os menores comiam nas grandes ocasiões. Naquela época, o máximo permitido era que se chegasse na porta da sala de jantar e pedisse à respectiva mãe mais um pouco disso e daquilo. Ninguém se sentava à mesa principal com os adultos, ao contrário de hoje. Uma data tradicional era o 21 de abril. Era aniversário de casamento dos meus avós, e também de três filhas. A mesa da sala de jantar era estendida ao máximo - colocavam-se tábuas adicionais - e as melhores toalhas, com pratos e copos franceses.

Ao lado da copa, ficavam a dispensa e a cozinha, e desta havia uma comunicação com a copa por uma abertura semicircular na parede, como se fazem nos restaurantes. Era por ali que vinham os pratos. Eu nunca pisei na cozinha, era território proibido às crianças.

Durante uma certa época, eu passava todas as quintas de manhã para apanhar pilhas de jornais velhos que a Didi guardava para mim na dispensa, e em seguida ia vender aos feirantes, que usavam para embrulhar frutas e legumes. Dava para fazer uns trocados.Em1944 meus avós comemoraram bodas de ouro, e houve grandes festividades na casa, segundo me contam. No retrato oficial, tirado na sala de jantar, lá estou eu ao lado do meu avô (como neto mais bonito, gosto de ressaltar), e meu Flávio ao lado da minha avó. Esta, usando um modelo de madame Francisquinha, famosa modista de

São Paulo na época, presente do tio Glenan.

A casa do meu avô desapareceu em 1957, para dar lugar a um grande empreendimento imobiliário, fruto do sonho de um visionário. A proposta de incorporação, ainda tão incomum em Belo Horizonte naquela época, suscitou muitas desconfianças, mas o interesse de herdeiros falou mais alto, e acho que meu avô a tudo assentiu sem emitir opinião. Não me lembro de tê-lo visto participando das negociações. Hoje, acho que deve ter sido uma grande perda para ele, que já perdera a companheira de mais de cinquenta anos de convivência. Aceitou a tudo com humildade, e foi morar na parte de cima de minha casa, com a tia Didi.

O grande empreendimento, como era de se esperar, ficou nos tapumes e nos restos da demolição vendidos pelo incorporador. Se não fossem gestões firmes de alguns familiares, a família e os primeiros compradores teriam ficado só na esperança. Depois de muitos anos de lenta e penosa construção, aquele que iria se chamar Edifício Flávio Dias, teve que trocar de nome, por prudência dos novos incorporadores, e ficou pronto."

(do livro Armazém Colombo, de Carlos G. Vieira, 2005)

*Alpendre da sede da Fazenda da Capoeirinha*
*(como encontrado em 1972)*

*Família Leite Dias, em casa da Lília, BH (2007)*

*Cici na rua Santa Rita (1970)*

*Vera Lygia e José Flávio (1931)*

*Zequinha e Ivan Leite Dias, no São Domingos (1969)*

# Notas Explicativas Parte I

**(1) Registros Cartoriais de Alfenas (transcrição *ipsis literis*)**
"No dia  8 de dez de 1871, bat e pus os santos óleos a um inocente Pio, da idade de 1 mês, filho legitimo de Umbelino de Souza Dias e Umbelina Candida da Silva.Padrinhos Joaquim Lucas de Salles e Placidina Maria de Souza, todos desta paróquia.
Vigário Evaristo Brunno de Carvalho"
*(Contribuição do genealogista Luiz Henrique Ribeiro)*

**(2) Registros Cartoriais de Alfenas (transcrição *ipsis literis*)**
Emirena de Salles Dias (Microfilme 1285412 - casamentos Alfenas)

*"Aos 26 de set de 1892, em oratorio da Faz de Umbelina de Souza Dias, em presença de Jose Constancio Ferreira da Silveira e Eugenio A. Dias, recebi em matrimonio Francisco  Osorio Alexandre da Silveira de 21 anos, filho legitimo de Jose Alexandre da Silveira e Emilia Josefina Ferreira da Silveira , ambos já falecidos, e Emirena de Salles Dias, de 15 anos, filha legitima de Umbelino de Souza Dias e Umbelina de Salles Dias, natural da freg de Machado, e ambos moradores desta cidade.*
*Logo Conferi"*
*(Contribuição do genealogista Luiz Henrique Ribeiro)*

**(3) O movimento abolicionista em Ouro Preto**
Recomendo ler trabalhos do mestre em História Luiz Gustavo dos Santos Cota.

**(4) Fazenda da Laje ou Fazenda da Capoeirinha?**
Acima do portal da entrada da sede da fazenda existia um dístico redondo com as iniciais USD (de Umbelino Souza

Dias) e a data de 1889.

### (5) A Estrada de Ferro Machadense
Recomendo ler texto de autoria de Tomaz Antônio Vieira Godoy (Machado, MG) disponível no site Estações Ferroviárias do Brasil.

**(6) Umbelino de Souza Dias** nasceu em 1/1/1837, em Machado. Por esta feliz coincidência meu irmão Sérgio Augusto, também nascido em 1 de janeiro, quase foi registrado pelo Dr. Flávio como Umbelino, em homenagem ao pai dele. Se não fosse o Prof. Vieira sair correndo e fazer o registro antes, teríamos ainda hoje um Umbelino na família.

**(7) Capela de N. S. de Nazaré** fica na hoje cidade de Nazareno-MG, que faz parte do roteiro da Estrada Real.

"A origem do município está ligada à atividade colonizadora dos portugueses, em busca de minerais e pedras preciosas na região. Em 1725, o fazendeiro Manoel dos Seixas Pinto doou uma faixa de terra, a fim de que se construísse a capela de Nossa Senhora de Nazaré. Daí teve início a expansão da colônia que, inicialmente, recebeu o nome de Arraial do Ribeiro Fundo, depois Freguesia de Nossa Senhora de Nazaré e, posteriormente, Nazareno. Emancipou-se em dezembro de 1953, desmembrando-se de São João del Rei. Sua tradição histórica guarda lendas antigas e curiosas, como a galinha de pintos que só aparece à noite, ou o Cavaleiro Invisível, do qual só se ouve o barulho dos passos e o relinchar do cavalo."
*Fonte: Secretaria da Cultura em 01/10/1999.*

**(8) Reg. Paroquial de Terras Alfenas,** região de Machado-MG
"huã Faz. de cultura , serrados e campos - denominada =Caxoeira= que houve por herança de meus finados pais,

contendo mais ou menos  oitocentos alqueires, e cujas divisas são as seguintes: Principia na  terra de um corrego que faz divisa com meo mano Pio, por este acima até  o valo, dividindo com o mesmo, por este adiante até o corrego do Pinhal,  por este acima até a cabeceira a ganhar um vallo, que divisa com  Manoel Jacinto, por este ao corrego de João Fernandes, por este abaixo  á primeira vertente , por este acima em rumo direito ao corrego de  S. Rita, por este acima ao alto da serra, por esta adiante tudo quanto  verte ao Coroado, até um espigão que divide as agoas deste e dos Boraes,  este adiante dividindo com meo mano Dr. Roque, té a cabeceira do  corrego do Beiçudo, e por este abaixo ate um vallo, que ainda divide com  o mesmo, por este corrego ao Tejuco Preto, e por este com um vallo que  divide com meo mano João Custodio, por este adiante a cabeceira  do corrego do Retiro dos Carneiroa, por este abaixo ao Coroado,  e por este abaixo até a barra do corrego , onde teve começo esta demarcação."
*(contribuição do genealogista Luiz Henrique Ribeiro)*

### (9) As sesmarias
Em 1790, foram cedidas duas sesmarias, sendo uma para Agostinho Fernandes de Lima Barata e sua esposa Joana Maria de Oliveira, e outra, ao Capitão Manoel Luiz Ferreira do Prado e sua esposa Tereza Maria de Jesus,ambas localizadas às margens dos rios Sapucaí, Dourado, Machado e do Ribeirão Sossegado, atualmente denominado de Ribeirão do Carmo, onde hoje se constituem as cidades de Paraguaçu e Fama.

### (10) Os Congressos Republicanos
Em 1888, a agitação política foi significativa na região, tendo se realizado no arraial (Paraguaçu) o Primeiro Congresso Republicano do Sul de Minas.

## Obras Consultadas:

- "Amor e Trabalho (recordações de uma fazendeira do Sul de Minas)", Mathilde de Carvalho Dias, Livraria José Olympio Editora,1973.

- "Contribuição à História de Machado", Homero Costa, editado pela Prefeitura Municipal de Machado,1976.

- "Capitão Vicente e seus descendentes", Eduardo Dias Roxo Nobre, Edição do Autor, 2001.

- "O Sertão dos Mandibóias - Fundação de Paraguaçu-MG", Oscar Ferreira Prado, Edição do Autor, 1981.

- "O Município do Machado até a virada do Milênio", Ricardo Moreira Rebello, Edição do Autor, 2006.

- "Descendentes de José Gonçalves Leite", José Hermano Prado, Edição do Autor, 2005.

- "Descendentes de Pedro Luiz do Prado", José Hermano Prado, Edição do Autor, 2002.

- "Vital Brazil Mineiro da Campanha", Lael Vital Brazil, 1996.

PARTE II
# Família Alves Pinto Muzzi
títulos: Manso da Costa Reis, Galvão de São Martinho, Alves Pinto, Muzzi, Negreiros

*Maria da Anunciação Alves Pinto Muzzi (Zezé) - Foto de 1991*

# Para entender esta outra história

É preciso explicar o nosso interesse pela família de Maria da Anunciação Alves Pinto Muzzi. Primeiro, a razão afetiva - para mim ela sempre foi apenas a vovó Zezé. Depois, a mesma razão de todos os genealogistas (mesmo os amadores, como é o nosso caso). Entender um pouco de como chegamos até aqui. Quantas gerações, quantas lutas, quantas alegrias nos levaram a aparecer neste mundo, e poder compartilhar de todos os seus benefícios.

Os antepassados da vovó Zezé estão muito intimamente ligados à história de Minas, da Bahia, e mesmo do Brasil, desde os primórdios da colonização. Por exemplo, o ancestral mais antigo que identificamos nasceu em 1493, em Viana do Castelo (Portugal), e chegou às costas da Bahia a nado (tratava-se de um náufrago), provavelmente com uns 17 anos - Diogo Álvares Corrêa, o Caramuru. Podem acreditar. Vovó Zezé descendia diretamente daquele que é considerado o primeiro casal cristão formado nas terras de Santa Cruz: Diogo e a índia Paraguaçu, filha do cacique Taparica, que foi batizada na França como *Katherine du Brèsil*. A cópia da certidão de batismo pode ser vista ainda hoje na Catedral Basílica da Sé, em Salvador. Vovó Zezé descende de uma das quatro filhas legítimas de Caramuru (como assinalou o genealogista Frei Antonio Maria Jaboatão), chamada Genebra Álvares - veja nos quadros I e II, a seguir.

Encontramos também uma história interessante acontecida com outro ascendente da Vovó Zezé, chamado Antônio Álvares de Castro (casado com Joana Batista de Negreiros). Quando ele saiu de Portugal para o Brasil (por volta de 1725), seu navio foi capturado por corsários argelinos, e ele acabou sendo levado como escravo para Argel. Permaneceu assim por uns três anos. Conseguiu fugir e foi parar em Mariana. Agradecemos a sua boa sorte, do contrário não estaríamos aqui.

Agora um pouco de cultura genealógica. O filho mais velho do casal Genebra Álvares e Vicente Dias (nossos antepassados), de nome Diogo Álvares Dias, casou-se com uma filha de Garcia d'Ávila, o famoso senhor da Casa da Torre (na Bahia), dando origem a uma verdadeira aristocracia baiana, que se espalhou pelo Brasil e pelo mundo. Esta Casa da Torre, ou o que resta dela, pode ser visitada a partir da Praia do Forte, pertinho de Salvador. Vovó Zezé, como mostrado na página 77, descende da filha de Genebra chamada *Catarina Álvares*. Na época em que fazíamos estas pesquisas, fizemos uma visita especial até a Igreja da Graça, em Salvador, onde estão os restos mortais de Catharina Paraguaçu, para render uma pequena homenagem a esta nossa antepassada tão brasileira.

Descobrimos também uma outra antepassada ilustre, funcionária pública - já naquele tempo - em Portugal, que exercia a estranha função de *medideira do pão*, no "Terreiro do Trigo", uma espécie de entreposto de cereais em Lisboa, perto da Alfama. O nome dela era Antônia Lobo, e lá por volta de 1680, o que motivou a Diana aqui de casa - em estado de exaltação familiar - a decretar que esta deve ter sido, pela função que ocupava, a inventora do pãozinho de 50 gramas...

Os antepassados da vovó Zezé no século XVIII, que vieram para Minas diretamente de Portugal e da Bahia (por onde começou o fluxo migratório para a região da mineração), participaram da construção da Capitania, da Província e do Estado de Minas Gerais. Participaram da Guerra dos Emboabas [2]. Estiveram presentes e foram atores na Inconfidência Mineira. Fundaram cidades, como Além Paraíba (Porto Novo do Cunha) e Angustura, e desbravaram os sertões do Espírito Santo. Viveram nas chamadas cidades históricas de Minas: Caeté, Ouro Preto, Mariana, Serro,

Sabará. E em outras menos conhecidas, como Senhora do Porto, região de Guanhães, ou outras bem distantes, como Luanda, em Angola, ou Campo Maior, no Alentejo, em Portugal.

Alguns parentes, pela linha materna, receberam títulos nobiliárquicos no Império, como foi o caso da Baronesa de Leopoldina, descendente das famílias Negreiros, Galvão de São Martinho, Manso da Costa Reis e Monteiro de Barros. Outros parentes chegaram a governar o Estado, como João Pinheiro e Milton Campos (que diga-se de passagem descende de um padre, o cônego Vicente Ferreira Monteiro de Castro, atestando a grande religiosidade da família). E também encontramos um parente muito famoso no mundo inteiro: o escritor João Guimarães Rosa. Sim senhor, todos parentes. Distantes, mas parentes. E, como dizia Juscelino Kubitschek, parente a gente não escolhe.

Pesquisar estas imagens do passado foi uma tarefa gratificante. Por exemplo, chegamos a um processo da chamada Inquisição de Évora, datado de 1616 e arquivado na Torre do Tombo, relacionado com a família de Galvão de São Martinho, cheio de termos tais como "cristão-velho" (aquele que possuía todos os ascendentes criados na tradição cristã) e "cristão-novo" (aquele que possuía pelo menos um de seus ascendentes criado no judaísmo). Daí fomos mais fundo e encontramos um antepassado cristão-novo da melhor qualidade, o senhor *Manoel de Paredes da Costa* (avô de Lourenço Lobo de Barros, citado no quadro I), que viveu aí pelos anos de 1560, em Portugal e no Brasil, mencionado em vários trabalhos sobre a Inquisição e sobre a contribuição judaica para a formação do povo brasileiro. Este Manoel de Paredes chegou a ser condenado a "penas espirituais" no Processo da Inquisição de Lisboa nº 11.071, auto de fé de 31/7/1593. Apesar de ser considerado cristão-novo, havia se casado em 1583 naquela que seria a futura Catedral da Sé, Salvador, Bahia, com Paula de Barros Lobo que, diga-se de passagem, ele havia "raptado". Apesar disso foi sepultado em 1619 no Convento de São Francisco, na Bahia.

Como se vê, no estudo dos antepassados da vovó Zezé há muita coisa. Para melhorar a compreensão do texto, colocamos "Notas Explicativas" ao final. Estas notas poderão dar uma ideia, em mais detalhe, do contexto onde os personagens citados se movimentaram e transmitem um pouco do conhecimento que adquirimos, pesquisando as fontes consultadas.

*Josélia Maria Teles Vieira*
*Rio de Janeiro*

*Minha família em Belo Horizonte (foto de 2010)*

# Então, como ficamos?

As famílias que formaram as raízes da Vovó Zezé estão cheias de histórias e fatos interessantes. Temos brancos, índios, negros, mulatos, cristãos, judeus, portugueses, italianos, angolanos, mineiros, baianos. Desde ser o primeiro casal cristão do Brasil, e iniciar a primeira devoção a Nossa Senhora das Américas, até participar intensamente da colonização, do Império e da República do Brasil. Podemos ter um justo orgulho.

Primeiro, vamos fazer um resumo geral retrospectivo, tomando como base a linha materna da Vovó Zezé. Começamos pela mãe, avó, bisavó, e assim sucessivamente. Como se optou por uma linha materna, colocamos ao lado de cada uma das ascendentes mencionadas os respectivos maridos. Sempre há dúvidas quanto aos nomes de nascimento ou de casamento, porque encontramos várias versões em alguns casos. Optamos pelo que nos pareceu mais correto.

Depois, vamos falar um pouco de cada família. Finalmente, o leitor e a leitora encontrarão nos anexos mais material de leitura.

Vamos começar mostrando dois quadros (nas páginas seguintes). Estes quadros mostram a ligação entre a vovó Zezé e seus ascendentes mais distantes, inclusive o casal Diogo Álvares - Catharina Paraguaçu.

Aqui se poderá ver que a vovó Zezé é a 17a. geração depois dos dois, e portanto eu pertenço à 19a. geração, e as minhas filhas à 20a. geração. Nossas origens mais remotas estão na Bahia, e temos sangue autenticamente brasileiro nas veias -indígena.

**Quadro I**- Vovó Zezé (Maria da Anunciação Alves Pinto Muzzi, casada com Antônio Carlos Maria Pereira) era descendente, pela linha materna, de

1. Corina Muzzi Rosa (e Antônio Alves Pinto - c. Caeté, 1900), filha de

2. Elizena Teixeira Muzzi (e João Batista Rosa, c. Caeté, 1876), filha de

3. Rita de Cássia Jesuína Muzzi (e João Caetano Teixeira- c. Caeté,1841), filha de

4. Francisca Jesuína G.de São Martinho (e Pedro Muzzi de Barros, c. Ouro Preto, 1818), filha de

5. Rita de Cássia G. de São Martinho (e Florêncio Pinto Guedes de Souza Carvalho), filha de

6. Maria Agostinha M. da Costa Reis (e Pedro A. Galvão de São Martinho - c. Vila Rica), filha de

7. Clara Maria Negreiros e Castro (e Manoel Manso da Costa Reis - c. Vila Rica), filha de

8. Joana Batista de Negreiros (e Antônio Alvares de Castro- c. Mariana, 1728), filha de

9. Margarida de Negreiros (e **Antônio Carvalho Tavares** - c. Bahia, 1688), filha de

10. Maria de Negreiros Barros (e Lourenço Lobo de Barros - c. na Bahia)

**Quadro II** - A linha de descendência desde Diogo Álvares Corrêa (Caramuru) e Catharina Paraguaçu até Antônio Carvalho Tavares, e daí (no quadro I) até a Vovó Zezé.

1. Catharina Paraguaçu (cc Diogo Álvares Correa), pais de
2. Genebra Álvares (cc Vicente Dias), pais de
3. Catarina Álvares (cc Baltazar Barbosa de Araújo), pais de
4. Joana Barbosa (cc Cap. Antonio de Souza Drumond), pais de
5. Belchior de Souza Drumond (cc Mícia D'Armas), pais de
6. Catarina de Souza (cc Eusébio Ferreira), pais de
7. Maria de Souza (cc Rui Carvalho Pinheiro), pais de
8. Violante de Carvalho Pinheiro (cc João da Silva Vieira), pais de
9. **Antônio Carvalho Tavares** (cc Margarida de Negreiros em 28/2/1688, na Bahia)

*Igreja da Graça, Salvador, onde estão sepultados*
*os restos mortais de Catharina Paraguaçu*

# A família Manso da Costa Reis

Decidimos começar a história das famílias pelo casal Manoel Manso da Costa Reis/Clara Maria Negreiros e Castro, do qual partem os principais vetores que configuraram um grande inter-relacionamento dos núcleos famíliares ouro-pretanos mais destacadas no século XVIII: Sayão, Lobato, Manso da Costa Reis, Galvão de São Martinho, Negreiros e Castro e Monteiro de Barros. E também porque este casal foi protagonista de grandes acontecimentos que sacudiram a capitania das Minas Gerais naquele tempo. Existem registros de seus antepassados na Bahia e em Portugal, chegando até o ano de 1564, mas achamos que já era demais. Quem quiser poderá procurar mais informações nas referências.

O Dr. Manoel Manso da Costa Reis foi um destacado jurista em Vila Rica (Ouro Preto), à época da Inconfidência Mineira , aí pelo ano de 1785. Exerceu também a função de Sargento-mor, escolhido entre uma lista tríplice de pessoas da sociedade da época, e vereador em Vila Rica.

Manoel Manso nasceu na Bahia, descendente de portugueses. A Bahia era para onde vinham muitos dos portugueses que imigravam para o Brasil, nesta época do Brasil Colônia (quem quiser saber mais sobre esta época, uma boa dica é ler os livros de Eduardo Bueno, coleção Terra Brasilis, editora Objetiva). Depois, Manoel Manso veiopara as Minas em busca de riqueza.

Era casado com D. Clara Maria Negreiros e Castro, de família de Vila Rica também originária da Bahia. O casal teve duas filhas, Maria Agostinha Manso da Costa Reis e Joana Bernarda Manso de Castro, e um filho Valeriano Manso da Costa Reis, este casado com Ana Ricarda Marcelina de Seixas, irmã da famosa Marília de Dirceu (Maria Doroteia Joaquina de Seixas Brandão).

A "Fazenda São José do Manso", que abriga hoje um museu e a sede do Parque Estadual do Itacolomi, em Ouro Preto, deve este nome ao nosso antepassado, seu primeiro proprietário, que a arrematou em 1772.

Falemos, então, deste Valeriano. O Capitão Valeriano Manso da Costa Reis era colega de regimento de Tiradentes, e é citado por este em seu depoimento constante dos *Autos da Devassa*. Aliás, é bom ir logo adiantando que a irmã do Valeriano (Maria Agostinha), ascendente direta da Vovó Zezé, casou-se com o chefe da tropa em Vila Rica, portanto comandante de Tiradentes, o então sargento-mor Pedro Affonso Galvão de São Martinho, de quem falaremos mais adiante, porque é um dos antepassados fundamentais da Vovó Zezé e de uma enorme descendência.

Valeriano teve dois filhos: Francisco de Assis Manso da Costa Reis, considerado o primeiro comandante da Polícia Militar de Minas Gerais, e José Maria Manso da Costa Reis, que casou-se com uma prima, Francisca de Assis Monteiro de Barros Galvão de São Martinho (filha de Inês de Castro, referida logo aqui abaixo), neta de sua tia Maria Agostinha Manso da Costa Reis.

Manoel Manso e D. Maria Agostinha Manso da Costa Reis tiveram três filhas: Inês de Castro, Rita de Cássia e Maria Eugênia. Não são nomes familiares a nós hoje?

Inês de Castro casou-se com Manuel José Monteiro de Barros, irmão de Romualdo José Monteiro de Barros (Barão de Paraopeba) e do Dr. Lucas Antônio Monteiro de Barros (Barão de Congonhas). Uma filha desta Inês, também chamada Inês de Castro, casou-se com um primo, também Manoel José Monteiro de Barros, filho do Barão de Paraopeba.

Como se pode ver, o que não faltava neste tempo era barão. A única filha desta segunda Inês de Castro, Clara

Monteiro de Barros Galvão de São Martinho, tornou-se a segunda Baronesa de Leopoldina. Esta casou-se em 1828 com Manuel José Monteiro de Castro (agora é "de Castro", e primo), que mais tarde seria agraciado por D. Pedro II com o título de Barão de Leopoldina. Um outro filho da primeira Inês de Castro, Antônio Romualdo Manso da Costa Reis, tornou-se um médico de grande expressão, tendo estudado no Rio de Janeiro e defendido tese em 1842.

As famílias Monteiro de Barros, Lobato, Sayão, Galvão de São Martinho e Manso da Costa Reis se entrelaçaram várias vezes, produzindo vários barões e viscondes , como por exemplo o Barão de Avelar Resende, oVisconde de Niterói, o Visconde de Sabará, e o Barão de Santa Helena.

**Inês de Castro Galvão de São Martinho** casou-se com Manuel Monteiro de Barros, sétimo filho do Guarda-Mor Manuel José Monteiro de Barros e de sua mulher D. Margarida Eufrásia da Cunha Matos. A família Monteiro de Barros é imensa. O Barão de Congonhas do Campo, de nome Lucas Antônio Monteiro de Barros era irmão do marido de Inês de Castro.

O casal teve os seguintes filhos:

1. Manuel José Monteiro de Barros Galvão de São Martinho
2. Antonio Augusto Monteiro Barros Galvão de São Martinho
3. Clara Monteiro de Barros Galvão de São Martinho
4.Francisca de Assis Monteiro de Barros Galvão de São Martinho
5. Maria da Purificação Monteiro de Barros Galvão de São Martinho
6. Agostinha Carolina Monteiro de Barros Galvão de São Martinho
7. Inês de Castro Monteiro de Barros Galvão de São Martinho

**Maria Eugênia Galvão de São Martinho** casou-se, em Vila Rica, com Maximiano de Oliveira Leite (descendente do bandeirante Fernão Dias), oficial do regimento em Vila Rica, o mesmo de Tiradentes, e que, apesar de citado inúmeras vezes pelos depoentes, não teve seu nome incluído nos *Autos da Devassa*. Dizem as más línguas que foi por interferência direta do Visconde de Barbacena (padrinho de casamento de Valeriano e Ana Ricarda), o então governador e capitão-general das Minas Gerais. Maximiano é também um dos personagens das Cartas Chilenas (é o Maximino, da Carta 9a., onde é acusado de ter comprado uma promoção de tenente a capitão).

O casal teve os seguintes filhos:

1. Ignacia Felisciana
2. Pedro Affonso Galvão de São Martinho
3. Maria Affonsa
4. Henriqueta Madalena de Oliveira /
5. Carlota Joaquina Abreu de Lima
6. Maria Madalena
7. Clara Margarida de Oliveira Leite
8. Manoel Leonel Abreu de Lima
9. Maximiano Antonio
10. Bárbara Augusta
11. Miquilina

**Rita de Cássia Manso Galvão de São Martinho**, nossa ascendente, casou-se com Florêncio Pinto Guedes de Souza Carvalho, e tiveram os seguintes filhos:

1. Maria de Cássia Galvão de São Martinho, casada com o Brigadeiro Manoel Alves de Toledo Ribas (citado na Genealogia Paulistana, de Silva Leme, pag. 486) que teve a função de "guarda-roupa de sua majestade o Imperador D. Pedro I", tio de Domitilla de Castro Canto e Mello, a famosa Marquesa de Santos, filha da irmã Escolástica Bonifácia de Toledo Ribas, Viscondessa de Castro.
2. Florência Galvão de São Martinho, casada com o cel.

Antônio Ozório de Aragão.

3. Pedro de Souza Galvão de São Martinho.

4. Cadete Luiz Pinto Guedes.

5. **Francisca Jesuína Galvão de São Martinho,** casada em 6/6/1818 na cidade de Ouro Preto com Pedro Muzzi de Barros. É deste casal que descendem todos os Muzzi que conhecemos. A este respeito é bom ler a *nota explicativa* 15 ao final, porque existem outras famílias com grafias semelhantes à nossa no Brasil.

*Josélia Maria, descendente de Catharina Paraguaçu, dos Muzzi e dos Galvão de São Martinho (1956)*

*Brigadeiro Pedro Affonso Galvão de São Martinho*

# A família Galvão de São Martinho

Pedro Affonso Galvão de São Martinho, casado em 1776 com D. Maria Agostinha Manso da Costa Reis era português de Campo Maior, uma vila do distrito de Portalegre, na região do Alentejo (e nascido a 24/4/1741). Era filho de Vasco Sardinha Galvão e de D. Clara Maria de Sá, e neto paterno de Pedro Afonso Galvão e D. Joana Mexia Galvão, parente pelo ramo de São Martinho (família nobre oriunda de Ubeda, Galvão e Rego). A sua bisavó, Maria do Couto, nascida em Campo Maior em 1634, foi presa nos cárceres da inquisição de Évora, acusada de judaísmo, heresia e apostasia, por ter um quarto de sangue de cristã-nova. Podem acreditar (está lá em documento arquivado na Torre do Tombo, em Portugal). Ele era o mais velho de três irmãos e o único que emigrou para o Brasil, talvez aí por volta de 1757.

O genealogista Antônio Carlos de Castro, através de cujas pesquisas ficamos sabendo muita coisa sobre nossos ascendentes, documentou o seguinte:

"Brigadeiro Pedro Afonso Galvão de São Martinho, natural de Campo Maior, distrito de Portalegre, veio para o Brasil na segunda metade do século XVIII e se estabeleceu em Ouro Preto-MG, onde deixou geração. Pedro nasceu aos 24-04-1741 e foi batizado aos 15 do mês de maio seguinte na Igreja de Nossa Senhora da Expectação, Campo Maior, Portalegre-Portugal."

"Fl.125 do Livro de Batismos de 1738-1742 Igreja Nossa Senhora da Expectação, Campo Maior, Portalegre-Portugal -

*Aos vinte e quatro do mês de Abril de mil setecentos e quarenta e hum nasceo Pedro, filho legitimo do primeiro Matimonio de Vasco Sardinha Galvão natural desta Villa e de Clara Maria natural da Villa de Extremos Freguezia de Santa Maria, Arcebispado de Évora; aos quinze dias do mês de Maio da mesma era, baptizou e pos os Santos Óleos; forão padrinhos dom frey Rodrigo e Mandra(?) e francisca siqueira galvam, e pr.ª Lembrança fiz este asento que asignei e o padrinho dia, mês era ut S.ª. O Vigr.o encomendado João Bernardo Pereira.Fr.e D.Rodrigo de Aguilar."*

Pedro Affonso viveu em Vila Rica, Minas Gerais, por ocasião da Inconfidência Mineira, e foi um personagem privilegiado das ações que se seguiram à suspensão da derrama e à prisão dos inconfidentes. Ele era, então, o Sargento-mor do regimento de cavalaria regular em Ouro Preto, algo equivalente ao comandante das tropas federais na cidade. Consta que foi ele mesmo quem executou a ordem de prisão contra o doutor Cláudio Manoel da Costa, provavelmente o inconfidente mais ilustre.

Consta, também, que Pedro Affonso foi um protegido do governador Luiz da Cunha Menezes (o "Fanfarrão Minésio", das Cartas Chilenas, obra creditada a Tomás Antônio Gonzaga), e em homenagem a ele deu o nome de Porto Novo do Cunha à povoação que fundou às margens do Rio Paraíba do Sul, hoje a próspera cidade de Além Paraíba, em Minas Gerais.

Deve-se a ele, também, as primeiras incursões ao sítio que deu início à cidade de Leopoldina, para onde se mudaram, mais tarde, muitos membros da família Monteiro de Barros e Galvão de São Martinho, e também à atual cidade de Cantagalo, RJ. Ele aparece, com destaque, nas referências históricas à fundação destas cidades.

É interessante ler-se sobre o episódio do "Mão de Luva", onde Pedro Affonso e Tiradentes estiveram juntos em missão. Pedro Affonso, Sargento-mor, comandava o destacamento e Tiradentes, ainda Alferes (ele deu como uma das razões de sua insatisfação que resultou na Inconfidência o fato de nunca ser promovido), foi encarregado de fazer as medições topográficas.

A família Galvão de São Martinho no Brasil é uma só e tem sua origem neste mesmo Pedro Affonso. Ainda hoje existem várias pessoas com este sobrenome, sobretudo descendentes da Inês de Castro.

No caso do ramo da Vovó Zezé ele deixou de ser repassado aos descendentes quando entrou em cena o Pedro Muzzi de Barros, que achou "Muzzi" mais bonito que "Galvão de São Martinho", e pediu às suas filhas que perpetuassem o seu sobrenome. Com todo respeito.

Segundo Marilene Guastaferro Magalhães, isto aconteceu apenas em parte. Mas realmente há um número bastante grande de pessoas da família Muzzi que conserva este sobrenome ainda hoje.

*Ricardo Teles Dias Vieira,*
*descendente dos Leite Dias, dos*
*Muzzi, e dos Galvão de São*
*Martinho*

# A família Alves Pinto

Vamos começar por aqui a família Alves Pinto, tronco de onde descende a vovó Zezé, por seu pai Antônio Alves Pinto. Mas já vou logo ressaltando três fatos: primeiro que o pai dela morreu aos 27 anos, deixando viúva a vovó Corina, que conheci muito bem, e três filhos muito pequenos. Ela que acabou se casando novamente. Segundo, que D. Madalena Bruzzi Telles, bisavó do meu pai José Maria Telles casou-se em segundas núpcias com Caetano Alves Pinto, mencionado logo a seguir, e antepassado da vovó Zezé. Desta forma a família Telles se uniu aos Alves Pinto, pelo menos, duas vezes. E terceiro, que o grande João Pinheiro, presidente do Estado de Minas Gerais e nome de avenida em BH, foi criado junto com a família de Antônio Alves Pinto, após o falecimento de seu pai.

*Foto do casamento de Corina e Antônio Alves Pinto*

*Vista da cidade de Caeté-MG, e da igreja Matriz de Nossa Senhora do Bom Sucesso, onde vovó Zezé foi batizada em 21/04/1901.*

*Igreja Matriz de Nossa Senhora do Porto, em Senhora do Porto - MG, onde foi batizado nosso bisavô Antônio Alves Pinto.*

O pai de Antônio chamava-se Francisco Alves Pinto, nascido em Caeté-MG aos quatro de abril de 1836. Era filho de Caetano Alves Pinto e de Ricarda Bernardino de Senna. Caetano veio a se casar, em segundas núpcias, com D. Maria Madalena de Bruzzi Telles, como já disse, família esta também de Caeté. Minha avó Leonor Telles contava muitas histórias desta D. Madalena, por quem ela tinha grande admiração, inclusive esta a seguir que ela gostava de repetir. D. Madalena teria colocado todas as suas joias e ouro em quartas, e escondido por debaixo de alguns canteiros de couve, para impedir o saque por tropas inimigas em algum levante ocorrido em Caeté. Depois veio a perder tudo.

D. Madalena era tia do Padre Alcionílio Bruzzi Alves da Silva, notável professor salesiano e antropólogo, reconhecido mundialmente nos meios científicos como autor de vários livros sobre os índios Uaupés.

**Francisco Alves Pinto** casou-se com sua prima **Policena Francelina de Moraes Pinto**, nascida também em Caeté, em 1842 e falecida em Caeté em 1911. Policena era filha de Antônio Pedro Pinto, nascido no Serro, e de Joaquina Rosa de Moraes, nascida em Caeté. É deste "Rosa" que vem nosso parentesco com o escritor Guimarães Rosa, em várias interações. É isso mesmo. Também somos parentes do grande escritor brasileiro.

Além disso, ou até mais que isso, João Batista Pinto Rosa, pai da vovó Corina Muzzi Rosa, era tio de Flordualdo Pinto Rosa, pai de Guimarães Rosa. Portanto, o escritor Guimarães Rosa e vovó Corina eram primos.

Francisco foi professor na cidade mineira de Senhora do Porto, região de Guanhães. Além disso, como parece ser uma constante na família de vovó Zezé (deve ser algum *karma*), ocupou o cargo de Tabelião do Ofício de Notas em Caeté, cargo anteriormente exercido também por seu pai Caetano.

Agora vamos ver como chegamos a ser parentes de João

Pinheiro e de Israel Pinheiro. D. Policena, mulher de Francisco, era  irmã de Carolina Augusta de Moraes Pinto, mãe do grande estadista mineiro (e nome de avenida e fundação em Belo Horizonte) João Pinheiro. Com o falecimento do marido de D. Carolina, o italiano José (Giuseppe Pignatari) Pinheiro da Silva, esta e seus dois filhos, ainda pequenos, foram morar com a irmã Policena. Ela e Francisco ficaram, de certa forma, responsáveis pela educação de João Pinheiro e seu irmão José. Portanto, João Pinheiro (pai de Israel Pinheiro, o construtor de Brasília e Governador de Minas), cresceu em Senhora do Porto, junto com Antônio Alves Pinto, filho de Francisco, pai de vovó Zezé.

Francisco algum tempo depois foi nomeado professor público em Senhora do Porto de Guanhães, e lá instalou sua escola, em 1859.

A família voltou a residir em Caeté em 1886, onde Francisco assumiu o cargo de Tabelião (eu não falei que era um karma?), vindo a falecer em 1905.

O casal Francisco e Policena teve os seguintes filhos:
1. Carolina, casada com João Pinto Ribeiro de Pinho.
2. Ricardo, casado com sua prima Augusta Carolina Pinto Rosa.
3. Clarinda, casada com João da Cruz Sardinha.
4. Alfredo, casado com Maria José da Natividade Muzzi Telles.
5. Christiano, casado com Amélia Teixeira Muzzi.
6. Raimundo, casado com Henriqueta Martins Porto.
7. Francisco Júnior, casado com Adelaide Garcia.
8. **Antônio, casado com Corina Muzzi Rosa**.
9. Maria da Anunciação, casada com Augusto Peixoto de Melo
10. Raimunda, casada com João Batista de Barros Leite, este, irmão de D. Helena de Barros Leite, esposa do Presidente João Pinheiro da Silva.

**Antônio Alves Pinto,** meu bisavô, nasceu em Senhora

*Sandra Maria e Josélia Maria, descendentes
dos Muzzi e dos Alves Pinto (1954)*

*Carmencita e seus irmãos: Carmelito, Toninho e Carmênio, netos de
Corina e Antônio Alves Pinto*

do Porto, MG, aos 14/6/1877. Fez o curso primário com seu pai em Senhora do Porto de Guanhães e o curso secundário em Ouro Preto em companhia de seu irmão Francisco Júnior. Mudando-se para Caeté, terra de seus pais, ali se instalou como comerciante, com uma loja de ferragens, tecidos e utensílios em geral. Exercia também o cargo de Escrivão de Paz e Oficial do Registro Civil (mais karma).

Em 1900, casou-se com sua prima (pelo lado da mãe) **Corina Muzzi Rosa**. Faleceu com apenas 27 anos de idade, aos 14 /12/1904, em Caeté, deixando três filhos pequenos.

O irmão de Antônio, Christiano Alves Pinto, casado com a irmã de Corina, Amélia Alves Pinto, fez uma bonita carreira no Exército, chegando ao posto de general. O casal teve um filho, também general, chamado Lauro Alves Pinto. E foi graças às pesquisas genealógicas das filhas Lucília (Pepita) e Amanda, que moravam em Copacabana, que começamos a levantar estes dados. Uma vez elas passaram umas cópias de suas anotações para Carmélia, que as esqueceu aqui em nossa casa, vinte anos depois foram recuperadas e despertaram a nossa curiosidade.

Tem mais. Tia Zinda, numa de suas visitas às primas, foi com uma delas até uma casa no Cosme Velho, Rio de Janeiro, onde fotografaram um enorme retrato de Pedro Affonso Galvão de São Martinho, que é este que aparece na página 83. E foi assim que os autores ficaram sabendo das coisas.

# A família Muzzi

A família Muzzi tem, também, uma história muito interessante, cheia de lances dramáticos. Família nobre de Poggiobonsi, hoje provincia de Siena, perto de San Gimignano e Firenze. No Brasil, os Muzzi descendem de **Pedro Muzzi de Barros**, que chegou em Ouro Preto por volta de 1805, vindo de Angola, conforme nos contou Marilene (Muzzi) Guastaferro Magalhães, uma pesquisadora incansável da história da família.

O início da família Muzzi no Brasil pode ser resumida da seguinte forma: um certo Pedro (ou Pietro) Muzzi, natural de Florença (Itália), alistou-se nos navios de El-Rei de Portugal, e foi para as Indias (isto ainda no século XVIII). Lá teve um acidente e permaneceu em Goa aos cuidados dos Jesuítas. Daí ele foi convencido pelos padres a entrar para a Companhia de Jesus, em má hora, digamos assim. Exatamente quando o Marquês de Pombal estava declarando os jesuítas *personae non gratae*. Ele não chegou propriamente a entrar para a Companhia, mas aceitou ser uma espécie de sacristão. Quando regressou a Portugal, ao invés de honrarias, foi mandado para a prisão, e daí para o degredo em Angola (você pode ler tudo contado por ele mesmo no item 13 das Notas explicativas ao final).

Em Angola ele casou-se com uma portuguesa chamada Bárbara Maria de Jesus de Barros (1772). O casal teve quatro filhos: Pedro, Ana, José e Catharina. O filho **Pedro Muzzi de Barros** (nascido em Luanda em 1775 e falecido em Ouro Preto em 1846) entrou para o Regimento do Reino de Angola, e em 1804 foi nomeado tenente da Companhia de Pedestres da Capitania de Minas Gerais, em Ouro Preto (está documentado no Arquivo Histórico Ultramarino, caixa 173, doc. 61). Era casado, então, com Marianna Ignácia de Jesus. Não sabemos se ela chegou a se mudar para o Brasil. O que sabemos por documentos é que em 1815 ele escreve uma carta para fazer o inventário de sua mulher e em 1818 ele já se declarava viúvo, ao casar-se, em segundas núpcias, com **Francisca Jesuína Galvão de São Martinho**, e daí chegamos, em linha direta, até nós.

Falemos um pouco mais das origens dos Muzzi. O nome mais remoto de que temos notícia é um certo Giovanni Battista Muzzi, falecido em Florença por volta de 1725, que teve pelo menos um filho que nos interessa: Marco Antonio Muzzi. Este foi casado com Catarina Serristori, de uma família rica e importante de Florença. Ainda hoje existe um Palazzo Serristori, que Fernanda e Diana quase conheceram, quando estiveram por lá. O casal teve três filhos conhecidos: Angelo, Giovanni e Pietro. É este mesmo Pietro (Pedro) que foi parar, degredado, em Angola, e vem a ser nosso antepassado.

Ao que tudo indica este Giovanni Battista tinha terras em Poggibonsi, província de Siena, na Toscana. Com o falecimento de Giovanni estas terras ficaram como herança para seu filho Pietro, e com a morte da mulher e dos outros filhos, para Pedro Muzzi de Barros.

Marilene Guastaferro obteve cópia de um documento de Pedro Muzzi de Barros, filho de Pietro, datado de 26/1/1834 onde ele *"se habilitou competentemente no Juízo de Fora da Imperial Cidade de Ouro Preto, mostrando autenticamente, por documentos, ser filho de Pedro Muzzi, que, aceito por falecimento de sua mãe e outros filhos, e por meio desta habilitação mostrando-se pessoa legítima para requerer e arrecadar o legado deixado por seu pai, por cujo falecimento nenhum outro herdeiro há que deva suceder naquele direito"*, e por aí vai. O nosso Pedro Muzzi de Barros estava se habilitando a receber as propriedades deixadas por Giovanni Battista, seu avô, lá na Toscana. Para isto tentou a interferência da diplomacia do Império do Brasil junto ao Governo de França, que neste meio tempo dominava a

Toscana. Por uma série de trapalhadas os papéis não tiveram o curso esperado e nada aconteceu. Sabe-se que as terras envolvidas acabaram sendo entregues em 1960 a uma sociedade beneficente chamada *Buonomini de San Martino*, muito conhecida em Florença.

O casal Pedro Muzzi de Barros e Francisca Jesuína teve as seguintes filhas:

1. **Rita de Cássia Jesuína Muzzi**, cc João Caetano Teixeira em 1841 e em segundas núpcias com **João Batista Rosa** em 1876.

2. Bárbara Maria de Jesus Muzzi, cc Fernando Scotti

3. Maria Agostinha Muzzi, cc Francisco de Paula Xavier de Abreu.

**Rita de Cássia Jesuína Muzzi** e João Caetano Teixeira tiveram os seguintes filhos:
- Elizena Teixeira Muzzi
- Agostinha Teixeira Muzzi, conhecida como "tia Sinhá"
- Guilherme Teixeira Muzzi
- Carlos dos Passos Teixeira Muzzi
- Pedro Teixeira Muzzi
- Francisca de Cássia Muzzi, conhecida como "Bembem"
- João Caetano Teixeira Muzzi
- Emília Teixeira Muzzi
*(conforme pesquisa feita por Marilene G. Magalhães)*

**Elizena Teixeira Muzzi**, casada com **João Batista Pinto Rosa,** teve os seguintes filhos:
- Olympia Pinto Rosa, mais conhecida como "tia Dondona".
- João Eleutério Muzzi
- Benedito Muzzi, mais conhecido como "Nenem"
- Amélia Muzzi (mãe das primas Pepita e Amanda)
- Corina Muzzi Rosa (a vovó Corina, mãe da vovó Zezé)

**Corina Muzzi Rosa,** casada com Antônio Alves Pinto, teve os seguintes filhos:

**1. Maria da Anunciação Alves Pinto Muzzi (vovó Zezé),** nascida aos 25 de março de 1901, casada com Antônio Carlos Maria Pereira, nascido em Florália, município de Santa Bárbara, e pais de quinze filhos:

- Carmita Muzzi Pereira Baptista, casada com Rubens Baptista.
- Carmen De São José Pereira Gomide, casada com José Gomide.
- Carmélia Pereira Teles, casada com José Maria Telles
- Carmelinda Pereira Fonseca, casada com José Gregório P. da Fonseca (filho de tia Lita).
- Carminda da Trindade Pereira, casada com Geraldo Pereira (filho de tio Vavico).
- Carmenzinda Pereira
- Carmélio Pereira, casado em primeiras núpcias com Iris e segundas núpcias com Marli
- Carmelindo Pereira, casado com Glenadir Sotto Mayor Pereira.
- Carmelito Pereira, casado com Tereza Moreira Pereira
- Carmenzito Pereira
- Carmencita Teresinha Pereira
- Carmênio Pereira casado com Joana.
- Carmênia Pereira, casada com José Alexandre Granela Borja.
- Carminha, falecida aos 15 anos de idade, em Santa Bárbara.
- Carmelito, falecido aos 4 anos de idade, em Peçanha.

**2. Maura Muzzi Alves Pinto,** nascida em 1902 e falecida solteira.

**3. Antonio Muzzi Alves Pinto** (tio Nico), nascido em 14 de fevereiro de 1905, em Caeté, onde se casou com Ceci Guerra. Tio Nico não chegou a conhecer o pai.

*Blasone di Famiglia Muzzi, Poggibonsi, Italia*

*Descendentes dos Muzzi no Rio de Janeiro: Josélia, Diana e Carmélia (2007)*

*Descendentes dos Muzzi: Carmélia, Paulo Roberto, Fernanda e Paula (Natal de 2008)*

*Josélia e Sandra in concert, descendentes dos Muzzi e dos Galvão de São Martinho (1961)*

*Josélia Maria, descendente dos Alves Pinto Muzzi, no Carnaval do Cravo Vermelho, em Sabará (1962)*

# A família Negreiros

A família Negreiros, com origem na Bahia, é a família de dona Clara Maria (e Castro), esposa de Manoel Manso da Costa Reis, casal que deu início à nossa pesquisa. Esta família se juntou às famílias mais tradicionais de Vila Rica: os Sayão, Monteiro de Barros, Manso da Costa Reis, Lobato.

D. Clara Maria era filha de Antônio Álvares de Castro, natural de Lisboa, e de Joana Batista de Negreiros. Foi a segunda esposa do doutor Manoel Manso, faleceu em Ouro Preto e foi sepultada em 23/10/1805, na capela da Ordem Terceira do Carmo, em Antônio Dias (Ouro Preto).

Joana Batista de Negreiros nasceu em Salvador, na Bahia, e era filha legítima de Antônio Carvalho Tavares e de Margarida Teresa de Negreiros. É pela ascendência de Antônio Tavares que a nossa família se liga a Caramuru e Paraguaçu. Joana de Negreiros foi batizada no dia 18/06/1709, na Igreja e Convento de Nossa Senhora do Desterro, na Bahia, o primeiro convento de freiras construído no Brasil.

A mãe de D. Margarida era D. Maria de Negreiros, casada com Lourenço Lobo de Barros (último casal no Quadro I). Este Lourenço nos remete a uma figura muito estudada pelos genealogistas, o seu avô materno Manoel de Paredes da Costa (aquele da Bahia, porque existiu outro no Rio de Janeiro), pai de Inês de Barros Lobo. Chamo atenção para o detalhe descrito abaixo. Manoel de Paredes da Costa, apesar de ter sido condenado pela Inquisição por práticas judaizantes, foi enterrado na Igreja e Convento de São Francisco, em Salvador.

Assim  se refere a ele Franklin de Albuquerque:

*"Manoel de Paredes da Costa.*

*N. em torno de 1556 em Lisboa, Portugal. Era barqueiro em Viana, Portugal, de lá passando para a Bahia nos princípios de nossa colonização. Foi condenado a penas espirituais no Processo de Inquisição de Lisboa nº 11.071, auto-de-fé de 31-JUL-1593 (39). C. a 20-JAN-1583 na Sé, Salvador, Bahia, c. Paula de Barros Lobo, de quem estava enamorado, após tê-la raptado. Fal. a 12-JAN-1619 em Salvador, na Bahia, com sepultura no Convento de São Francisco. Era, provavelmente, tio do homônimo que viveu no Rio de Janeiro (RJ), citado no livro "Vínculos do Fogo", de Alberto Dines. Com a esposa Paula teve os filhos Vicente, Gaspar de Barros Lobo, Catarina Lobo, Vitória de Barros, Maria de Barros, Agostinho de Paredes de Barros, **Inês de Barros Lobo**, Ana Lobo, Antônio de Barros Lobo, Felícia, Antônia e Francisco Lobo."*

*Igreja e Convento do Desterro, Salvador-Bahia, onde foi batizada Joana Batista de Negreiros, ancestral comum de Milton Campos e vovó Zezé.*

Antônio Carvalho Tavares, como dissemos, é o nosso elo de ligação com Paraguaçu e Caramuru. A propósito, a certidão de batismo de *Katherine du Brézil*, cuja reprodução pode ser vista na Catedral da Sé, Salvador-BA, diz o seguinte:

*"Le pénultime jour du moys surdit fut baptizée la
Katherine du Brézil, et fut compère ......
premier noble homme Guyon Jamyn, sieur
de Saint Jagu, et commères Katherine des Granges
et Françoise Le Gonien, fille de l'aloué
de Saint Malo, et fut baptizée para maître Lancelot
Ruffier, vicaire du dit lieu, le dit jour que dessus.*
P. Trublet"

Agora, uma história interessante, que mencionamos no início, e segundo pesquisas de Pedro Wilson  Carrano de Albuquerque (publicado na Usina de Letras).

*"Antônio Álvares de Castro. N. no Beco do Tibau, Freguesia de São Paulo, Concelho e Distrito de Lisboa, Portugal, onde foi bat. em 1693 e exerceu o comércio. Resolvendo vir para o Brasil, teve a infelicidade de ser capturado por um corsário argelino, que o levou como escravo para Argel. Resgatado, retornou a Lisboa. Algum tempo depois, embarcou para o Rio de Janeiro (RJ), estabelecendo-se em Minas Gerais. C. a 12-AGO-1728 na Capela de Santa Quitéria, Filial de Nossa Senhora do Ribeirão do Carmo (depois Sé de Mariana), Minas Gerais. Residiu com a esposa em Ouro Preto (MG) ainda na primeira metade do Século XVIII. Fal. em 21-JAN-1757 em Guarapiranga, atual Piranga (MG). Filhos com Joana Batista de Negreiros: Padre Manuel Inácio de Castro, Antônio José de Castro, Helena, Clara Maria, Joana Perpétua, Maria Clara, Margarida Feliciana, Ana e Teresa de Castro."*

# Notas explicativas Parte II

## (1) Diogo e Paraguaçu

Diogo Álvares Corrêa era português nascido em Viana do Castelo e tornou-se uma das figuras mais famosas do Brasil Colônia, merecendo até um filme recente (*Caramuru-a invenção do Brasil*, com Selton Mello e Camila Pitanga). Consta que ele foi náufrago de uma caravela, e único sobrevivente do naufrágio nas costas da Bahia, na altura mais ou menos de onde fica hoje o Farol da Barra. Os indios primeiro quiseram devorá-lo, mas ele foi bastante esperto para ser aceito por eles e inclusive merecer a filha do cacique Taparica, a índia Paraguaçu. Franceses os convenceram a ir para a França, onde permaneceram por vários anos. Paraguaçu foi batizada como *Katherine du Brésil*, e a cópia da certidão de batismo pode ser vista na Sé Catedral de Salvador.

Os restos mortais de Catarina Paraguaçu estão sepultados na igreja da Graça, Salvador, Bahia. A estreita relação entre a índia Catarina Paraguaçu e a paróquia da Graça teve início em 1530, quando a esposa de Caramuru teve um sonho onde ela via, numa extensa praia, um navio destroçado com náufragos tremendo de frio e morrendo de fome. Junto aos marinheiros estava uma mulher branca e fascinante, que segurava uma criança no colo. Esta seria uma imagem de Nossa Senhora, que estaria sendo transportada para Buenos Aires. A imagem é a mesma que pode ser vista até hoje no altar-mor da Igreja da Graça, em Salvador.

Placa de mármore na fachada, que pode ser vista próximo à entrada principal da Igreja:

"O 1o CONGRESSO DE HISTÓRIA DA BAHIA
TRIBUTA A GRATIDÃO NACIONAL
A DIOGO E CATARINA ALVARES CARAMURÚ
PRIMEIRO CASAL CRISTÃO DESTA TERRA
ONDE O MILAGRE DO SEU AMOR FLORESCEU
NA CIVILIZAÇÃO - QUE ASSIM COMEÇOU -
E NA CIDADE QUE O IMORTALIZA"
1549 - MARÇO - 1949

## (2) Guerra dos Emboabas

O texto a seguir foi baseado no relato que nos legou Diogo de Vasconcelos, em sua *História Antiga das Minas Gerais*.

A chamada *Guerra dos Emboabas* foi uma série de escaramuças, violentas, ocorridas na região das Minas , entre 1707 e 1709, envolvendo, de um lado, os exploradores paulistas, e de outro aqueles portugueses e forasteiros que entravam no território vindos principalmente da Bahia e Permambuco.

Primeiro é preciso entender que os paulistas sempre se julgaram donos do território das Minas, e El-Rei, seguindo a tradição dos forais, havia confirmado na prática esta presunção. Ocorre que a notícia do descobrimento do ouro correu muito rápido, atraindo uma enormidade de aventureiros, em sua grande parte portugueses, os "reinóis". Estes usavam polainas ou calças compridas, e por isso foram apelidados de "emboabas", usando um termo indígena para "pinto calçudo", aves com penachos nas pernas.

Na região de Caeté estava estabelecido um grande núcleo de "baianos", como eram conhecidos aqueles que vieram pelos caminhos da Bahia. Entre eles, Manuel Nunes Viana, português chegado ao Brasil ainda criança, depois mascate nos arraiais mineiros, mas agora tornado líder aclamado dos colonos emboabas. Ele veio a tornar-se o primeiro *ditador* conhecido das Américas. Foi aclamado governador do território das Minas, e iniciou uma perseguição aos paulistas, então localizados na região do Rio das Velhas e do Rio das Mortes.

O bandeirante Manuel de Borba Gato, fundador do arraial do Sabará, era o líder dos *paulistas*. Figura controvertida, que já havia se envolvido em conflito anteriormente, também foi considerado em certa época governador das Minas, pelo privilégio de ter sido o primeiro descobridor do ouro.

Então, parece hoje natural que houvesse um embate entre paulistas e emboabas. Naquela época não havia muito o conceito de nacionalidade ou de raça. Havia o da posse. E os paulistas se julgavam com direitos de posse e repeliram qualquer tentativa de forasteiros se instalarem na região.

Ficou para a história o acontecimento chamado de *Capão da Traição,* onde cerca de trezentos paulistas foram trucidados, depois de se renderem. Com este episódio se encerra o predomínio dos paulistas nas Minas Gerais, que se retiraram para Parati, Taubaté e Santana de Parnaíba.

### (3) Milton Campos

Milton Soares Campos foi um grande político mineiro, nascido em Ponte Nova em 1900 e falecido em Belo Horizonte em 1972. Advogado formado pela Faculdade de Direito de Belo Horizonte, foi deputado estadual e federal, senador, governador, Ministro da Justiça no Governo Castelo Branco, e um dos signatários do famoso "Manifesto dos Mineiros" (1943). Milton Campos descende de Helena Maria Negreiros e Castro, irmã de Clara Maria Negreiros e Castro, ascendente da vovó Zezé.

### (4) Cristão-novo

No texto fazemos referência, algumas vezes, ao fato de um ascendente ou outro ter sido um cristão-novo, ou *marrano* como também são conhecidos. Esta era a designação dada

CARLOS VIEIRA | JOSÉLIA TELES

em Portugal e no Brasil a um judeu convertido ao cristianismo. Muitas vezes, para a Inquisição, bastava que a pessoa tivesse uma parte de sangue cristão-novo (um ascendente) para ser considerada cristão-novo.

## (5) Inconfidência Mineira

Pouca gente sabe que existiram várias inconfidências em Minas Gerais, tal como a de Curvelo, por exemplo. A chamada Inconfidência Mineira tem vários aspectos interessantes. Por exemplo, Tiradentes só foi considerado um herói nacional após a proclamação da república. Era necessário termos heróis. É o caso também do Duque de Caxias e do Marquês de Tamandaré, típicos heróis da monarquia. Tiradentes passou dois anos preso enquanto se arrastava o processo de inquirição, conforme pode ser visto nos Autos da Devassa. Depois de morto, foi retratado com uma aparência semelhante à aquela de Jesus. Ele declarou aos juízes que entrou nesta revolta porque se sentia injustiçado na tropa (veja nota 9 adiante). Outros eram promovidos e ele não. Estranhou também que o genro do Sargento-mor Galvão de São Martinho não tivesse sido incluído entre os inconfidentes.

Tiradentes tinha múltiplos interesses. Pelo que se deduz de sua participação na expedição aos sertões da Zona da Mata Mineira tinha conhecimentos de agrimensor. Quando da denúncia de Silvério dos Reis e outros ele havia obtido uma licença para ir ao Rio de Janeiro para fazer uma proposta de abastecimento de água. Embora a Inconfidência tivesse entre os conspiradores altos funcionários da administração colonial, como Tomás Antônio Gonzaga, Cláudio Manoel da Costa (o segundo homem na governança das Minas e que suicidou-se na prisão) e Alvarenga Peixoto, apenas o alferes foi condenado à morte. Alguém havia de ser punido exemplarmente, e mesmo assim levaram dois anos para proclamar o veredito. Estes verdadeiros autores intelectuais da Inconfidência foram punidos com a remoção para África ou outros lugares distantes. Os clérigos ficaram sob a responsabilidade da Igreja, e ninguém recebeu uma punição mais severa. A Inconfidência parece ter sido um movimento de intelectuais influenciados pela revolução americana e pelas ideias de Thomas Jefferson. Tomaram a derrama como desculpa para precipitar o movimento. Sobrou para o Tiradentes.

Tiradentes foi preso, por ordem do Vice-Rei, ao sair de uma missa na Igreja de Nossa Senhora da Lampadosa, na hoje avenida Passos, no Rio de Janeiro. Quando foi finalmente condenado a morrer na forca, como uma mínima satisfação à nova Rainha D. Maria I, ele saiu da prisão na atual rua Primeiro de Março e foi caminhando em cortejo até o cadafalso montado na atual avenida Presidente Vargas, altura mais ou menos das ruas Uruguaiana e Conceição. Antes passou pela rua da Assembleia, rua da Carioca, pela atual praça Tiradentes (onde existe, ao contrário do que se poderia supor, uma estátua equestre de D. Pedro I). Uma boa leitura sobre este assunto é um clássico, de autoria de Lúcio José dos Santos, "A Inconfidência Mineira".

## (6) Manoel Manso como Sargento-mor em Vila Rica

Os Corpos de Ordenanças foram criados pela lei de 1549 de D. João III e organizados conforme o Regimento das Ordenanças de 1570. Seu sistema de recrutamento deveria abranger toda a população masculina entre 18 e 60 anos que ainda não tivesse sido recrutada pelas duas outras corporações militares. Não recebiam soldo, permaneciam em suas atividades normais até que fossem convocados para uma situação de emergência. Algumas funções como o Capitão-mor e o Sargento-mor dependiam de escolhas feitas pelos governantes ou pelas câmaras das Vilas. Manoel Manso da Costa Reis é um bom exemplo. Em 1770 o tenente Manoel Manso da Costa Reis fez parte de uma lista tríplice para ocupar este cargo. Apresentou suas credenciais, que indicavam vários serviços prestados à Coroa em corporações militares e foi o escolhido.

### (7) Joana Batista de Negreiros

"b. na freg. de N.S. do Desterro de Salvador-BA 19/6/1709. Casou em agosto de 1728 na capela de Santa Quitéria, filial da freg. N.S. do Ribeirão do Carmo (depois Sé de Mariana) com Antonio Alvares de Castro b. na freg. de S. Paulo, cidade de Lisboa em 1692; f. de Miguel Alvares de Castro, b. 4/6/ 1651 na freg. de S. Tomé da Parada do Outeiro, termo de Monte Alegre, com. de Bragança e de Antonia Lobo, b. na freg. de S. Vicente do Cercal, termo de Óbidos; neto pat. de Tomé Álvares de Castro * freg. S. Tomé da Parada do Outeiro e de Ana Gonçalves, * Vilaça; neta mat. de Domingos Lobo n. Galiza e de Domingas João. "

Pais de:

1- Antonio José de Castro, * Mariana MG cc Maria do Espírito Santo e Cunha, Com geração.

2- Helena Maria Negreiros e Castro, cc Francisco Ferreira de Sá (ou Santos). Com geração.

3- **Clara Maria de Negreiros e Castro** cc dr. Manoel Manso da Costa Reis e Cunha. Com geração.

4- Joana Perpétua Felícia de Castro cc com dr. Manoel de Souza Oliveira. Com geração.

5- dr. José Inácio de Castro * Mariana cc s/prima Ana Petrolina Joaquina Negreiros da Cunha Matos. Com geração.

*(pesquisa de Paulo Jaurés Pedroso Xavier, do Colégio Brasileiro de Genealogia)*

### (8) Marília de Dirceu

Este é o nome da mais conhecida obra poética de Tomás Antônio Gonzaga, publicada em Lisboa em 1792. Começa assim:

*Lira I*

Eu, Marília, não sou algum vaqueiro,
Que viva de guardar alheio gado;
De tosco trato, d' expressões grosseiro,

Dos frios gelos, e dos sóis queimado.
Tenho próprio casal, e nele assisto;
Dá-me vinho, legume, fruta, azeite;
Das brancas ovelhinhas tiro o leite,
E mais as finas lãs, de que me visto.
Graças, Marília bela,
Graças à minha Estrela!
Eu vi o meu semblante numa fonte,
Dos anos inda não está cortado:
Os pastores, que habitam este monte,
Com tal destreza toco a sanfoninha,
Que inveja até me tem o próprio Alceste:
Ao som dela concerto a voz celeste;
Nem canto letra, que não seja minha,
Graças, Marília bela,
Graças à minha Estrela!

## (9) Autos da Devassa

A maior parte dos volumes originais dos *Autos da Devassa da Inconfidência Mineira* encontra-se no Arquivo Nacional no Rio de Janeiro e estes volumes foram publicados no formato de livro com o patrocínio da Câmara dos Deputados.

Consta dos "Autos da Devassa" que Tiradentes, num desabafo incontido de revolta, cita o nome do Cap. Valeriano e de outros militares: *"que tendo projectado o dito levante, o que fizera desesperado, por ter sido muito exato no serviço, e que achando-o para as diligências mais arriscadas, para as promoções, e argumentos de postos achavam a outros, que só podiam campar por mais bonitos ou por terem comadres, que servissem de empenho, porque o seu Furriel está feito Tenente. Valeriano Manso, que foi soldado da companhia dele....."*

## (10) Cartas Chilenas

É interessante de se notar que a Carta 9a. das *Cartas Chilenas*, onde o autor (autoria atribuída a Tomás Antônio

Gonzaga) critica diversos oficiais da Cavalaria Regular de Ouro Preto, mas não menciona o Sargento-mor Pedro Affonso Galvão de São Martinho e outro oficial nosso conhecido, Valeriano Manso, irmão da mulher de Pedro Affonso. Nós achamos que isto se deve, possivelmente, às relações de Gonzaga com Marília, cunhada de Valeriano.

**(11) O Brigadeiro Toledo Ribas e Pedro Muzzi de Barros,** concunhados, são citados no trabalho *A Oligarquia Tenebrosa: Um Perfil Sócio Econômico dos Caramurus Mineiros (1831-1838),* de Andréa Lisly Gonçalves, Professora Adjunta do Departamento de História da UFOP, que pode ser lido integralmente na internet.

O trabalho faz referência à "Sedição de 1833", um movimento de visava restaurar D. Pedro I no trono do Brasil. O Brigadeiro Toledo Ribas e Pedro Muzzi de Barros aparecem entre os 27 sediciosos identificados no processo. Este movimento teve como consequência aparente a famosa revolta dos escravos nas fazendas da família Junqueira em Minas Gerais (chamada de "Revolta de Carrancas"), com o massacre de vários membros da família.

**(12) Certidão passada por Pedro Affonso Galvão de S. Martinho**

*"Sargento-Mor Comandante do Regimento de Cavalaria Regular de Vila Rica, de que é Coronel o Ilmo. Exmo. Sr. Visconde de Barbacena, Governador e Capitão-General da Capitania de Minas Gerais.*

*Joaquim José da Silva Xavier, Alferes deste Regimento, saiu da Capital para o Rio a 22 de março de 1787, com licença por dois meses, e mais dois meses de prorrogação, concedida por D. Luiz da Cunha Menezes, Governador e Capitão-General da Capitania de Minas Gerais, e se demorou no Rio por moléstia e outras causas, apresentando-se ao Regimento a 28 de agosto de 1788. A 10 de março obteve licença para ir ao Rio, licença que ele excedeu, sendo preso a 10 de maio de 1789, na Ilha das Cobras."*

(Como citado no livro "A Inconfidência Mineira", de Lúcio José dos Santos, edição do sesquicentenário)

## (13) A história de Pedro Muzzi, por ele mesmo
*O texto a seguir é a reprodução de um documento, possivelmente escrito pelo próprio Pedro Muzzi, italiano nascido em Florença. (Documento enviado por Marilene Guastaferro Magalhães).*

"Pedro Muzzi, natural da cidade de Florença, na sua infância tentou viajar, passou-se imediatamente para Portugal, ali alistou-se na Marinha. Além de muitas outras viagens no serviço de Portugal, embarcou-se na Nau Francisco Xavier, para as Índias. Sendo capitão de fragata chegou à cidade de Goa onde em um acidente com a nau teve a perna quebrada. Sem (condições) de regressar a Portugal (permaneceu) em Goa.

Durante a sua enfermidade foi frequentemente visitado por patrícios seus que se achavam na Companhia de Jesus. Por este conhecimento adquiriu grande amizade com o Padre Provincial, a ponto de o seduzir a demitir-se do serviço e a ser recebido na Companhia de Jesus. Foi logo feito sacristão mor e encarregado pelo dito Padre Provincial a explicar o catecismo a todos, na Casa Professa de Goa. No curso de alguns anos foi a congregação toda presa por ordem de Sua Majestade e neste número entrou ele, sendo confiscado todos os seus bens.

O Exmo. Conde de Ega, Vice-Rei da Índia mandou buscá-lo para seu palácio, dizendo que queria ficar em sua companhia. Que acabado o tempo de seu governo, o levaria à presença de S. Mag. para lhe dar asseguramento para a sua subsistência. Esteve três anos na companhia do Exmo. Conde que o tratou todo aquele tempo com muita grandeza .... Partiu da cidade de Goa em uma Nau de Guerra de El Rei de Portugal, chegando a Surrate com cartas de recomendação de D. Lobo José de Almeida para o governador inglês, e outra para o governador imbanaro,

onde recebeu muitas honras e assistência de que precisava
para toda a viagem. Conseguiu finalmente visitar a Santa
Cidade de Jerusalém, dali se passou para a Itália, na
cidade de Florença a visitar seus parentes. Seguiu para
Roma, dali passou para Nápoles, onde o marques de
Nuxej, secretário daquela Corte, lhe entregou outras cartas
em   nome de El Rei para seu embaixador, o príncipe Sam
Severino.

Todas as cartas eram para pedir à S. Mag, Fidelícima
para se lhe conceder a atenção que lhe tinha prometido o
Exmo. Conde de Ega, para sua subsistência e Hábito de
Cristo, como tudo constava das mesmas cartas. Quando
Muzzi se declarou que tinha sido da Companhia de Jesus o
Márquez remeu, porém depois de ler as cartas, com os
atestados do Exm. Conde de Ega, calou-se e lhe disse que
esperasse quando voltasse S. Mag, que se achava em
Salvaterra. De noite mandou prender, da parte de El Rey,
por Manique, escrivão de inconfidências. Este tomou-lhe
todos os seus papéis, que consistiam nas suas patentes e
documentos dos serviços que havia feito ao El Rey de
Portugal: um atestado do Vice-Rei da Índia, um do Primaz
da Santa Cidade de Jerusalém, que mostrava ter visitado os
santos lugares, a expulsória do Padre Provincial das Índias
e do Padre Geral da Companhia, Francisco Prexy, o
passaporte do Imperador, outro do El Rey de Napolis
e mais clarezas que trazia, além de uma carteira com flores
de ouro.

No fim desta revista, meteu-se com ele em uma seje,
acompanhada de soldados a cavalo, e o levou à casa do
Márquez de Pombal. Depois dali o conduziu para a casa
do desembargador Machado, a quem entregou os papéis.
Foi ouvido pelo desembargador e este disse-lhe que não
temesse nada e que aquilo era uma pequena averiguação.
Fê-lo imediatamente conduzir para o degredo do
Limoeiro. Passados dias, soube ele pelo Guarda Livros
que fora duas vezes à prisão o secretário do Embaixador

de El Rey de Nápolis para lhe falar, e que não conseguiu. Passados poucos dias foi transportado desta prisão para o Castelo de São Jorge, sendo deixado em um almário (buraco na terra) escuro, onde apenas podia respirar.

Esta prisão durou quatro meses e 22 dias. Depois foi tornado a levar para a antiga prisão do Limoeiro. Ao fim de quatro meses de degredo, foi o Desembargador Machado visitá-lo, tratando-o por padre da Companhia, no que lhe respondeu que não era padre da Companhia, como se deixavam ver seus documentos. Instou o mais possível que lhe confessasse se era padre da Companhia, pois que confessando que o era, que S. Mag. o mandaria transportar livremente para sua terra. A isto respondeu que melhor era ele .... dos seus atestados e que melhor se achava atestado pelo Vice-Rei da Índia, mais magistrados, era a mesma realidade. Que em verdade, que demitindo-se do Serviço da Marinha em que estava empregado, procurava seguir a vida sacerdotal, por infelicidade do trabalho ativo, por sua infelicidade. Que não chegara a professar, quando foi presa a Congregação, por ordem de S. Mag. Que pela mesma ordem de S. Mag. foram absolvidos todos aqueles que não tinham a ordem e contemplados como livres, em cujo número entrava ele, sendo recebido imediatamente na Casa do Exmo. Conde de Ega, Vice-Rei da Índia, como rezam seus documentos. Por julgar-se inocente e incapaz de qualquer atentado, foi ameaçado pelo Ministro com castigos vigorosos e despediu-se. Passados poucos dias, foi transferido da prisão para um navio e nele para o Reino de Angola e dali para o Presídio das Pedras, segundo ordens de S. Mag."

*Presídio das Pedras - ano de 1776*
*(este texto foi copiado do Original dado pelo dito Pedro Muzzi ao Exmo. Sr. José de Siabra e Silva.)*

## (14) Registro de casamento de Pedro Muzzi de Barros e Francisca Jesuína Galvão de São Martinho

"1Igreja Católica, N.S.da Conceição de Ouro Preto-MG, Antonio Dias, Capela da Ordem 3.a Monte do Carmo, Arquid.Mariana, Certidão de Casamento(Transcrição) de Pedro Muzzé de Barros e Jesuina Galvão de São Martinho. O noivo natural e batizado na freg.a de Nosa do Rozário da cidade de Angola, e viuvo de Marianna Inacia de Jezus. A noiva natural e batizada na Freg.a da Villa de Paracatu do Principe. Pais do noivo: Não constam Pais da noiva: Cap. Florencio Guedes Pinto de Souza Carvalho e D.Rita de Cácia e Manço Galvão de São Martinho Testemunhas: D. Manoel de Portugal e Castro e D.Ignes de Castro e Manço Galvão de São Martinho. Padre: José Joaquim Viegas de Menezes. Vigario: Jozé da Cunha e Mello."
*(Base de Dados de Antonio Carlos de Castro)*

## (15) As várias famílias com o nome Muzzi

As pesquisas de Marilene Guastaferro Magalhães, citando Álvaro Barbosa Muzzi, identificaram várias famílias distintas com a grafia de nomes semelhantes, existentes no Brasil. Por exemplo, existem Musy em Nova Friburgo-RJ que descendem dos imigrantes suiços Jean-Baptiste e Jean-Antoinc. A maior parte deles mudou a grafia para Musy, Musi, Muzzy, Muzi, por confusão com o nome da nossa família Muzzi. Existem outros Muzzi no Rio Grande do Sul, com ramificações pelos estados do Sul, que são de origem italiana bem mais recente, tendo os primeiros imigrantes chegado ao Brasil no final do século XIX. Isto para não falar que o Pedro Muzzi de Barros aparece em alguns documentos com a grafia "Muzé".

## Pequena Bibliografia

Quem quiser ler sobre os primeiros anos após o descobrimento, inclusive sobre a história de Caramuru e Catharina Paraguaçu - muita coisa pode ser encontrada facilmente na internet - recomendamos a coleção *Terra Brasilis*, de Eduardo Bueno. Em especial, o livro "Capitães do Brasil", Editora Objetiva, 1999.

Sobre "as Minas Gerais" existe um autor clássico: Diogo de Vasconcelos, com seus três volumes sobre a História antiga e média das Minas Gerais, editora Itatiaia. Sobre a "Inconfidência Mineira" existem muitos livros, mas recomendamos "A Inconfidência Mineira" de Lúcio José dos Santos, muito embora seja uma edição esgotada. O nosso exemplar foi comprado num sebo. Quem quiser reler as "Cartas Chilenas", pode achar uma edição de bolso da Companhia das Letras, 1995, organização e comentários de Joaci Pereira Furtado. Há também um livro didático, que se usava nas escolas mineiras nas décadas de 40 e 50, de autoria de Carlos Góes, chamado "Histórias da Terra Mineira", de leitura muito fácil, edição da Livraria Garnier, e que pode ser encontrado nas livrarias.

Sobre a genealogia das famílias mineiras, sugerimos o autor mais citado nos sites que tratam deste assunto: o Cônego Raymundo Trindade. Seu livro "Velhos Troncos Ouropretanos" é um clássico, e terá que ser encontrado em alguma biblioteca. No Instituto Amilcar Martins, em Belo Horizonte, você encontra para consulta. Outro clássico é o livro de Frederico de Barros Brotero, "A Família Monteiro de Barros".

Além disso, disponível para consulta na internet, existe a monumental "Genealogia Paulistana", de Luís Gonzaga da Silva Leme, publicada originalmente em nove volumes - fonte inesgotável para as pesquisas sobre as famílias brasileiras.

Made in the USA
Middletown, DE
20 July 2018